望江·新柏拉图主义研究译丛 01 — 梁中和 主编

Dominic J. O'Meara

普罗提诺
《九章集》导论

[爱尔兰] 多米尼克·奥米拉 著
李博涵 杨怡静 等译
梁中和 校

广西师范大学出版社
·桂林·

© Dominic J. O'Meara 1993．

Plotinus: An Introduction to the *Enneads* was originally published in English in 1993. This translation is published by arrangement with Oxford University Press. GUANGXI NORMAL UNIVERSITY PRESS GROUP CO., LTD. is solely responsible for this translation from the original work and Oxford University Press shall have no liability for any errors, omissions or inaccuracies or ambiguities in such translation or for any losses caused by reliance thereon.

著作权合同登记号桂图登字：20-2023-042 号

图书在版编目（CIP）数据

普罗提诺《九章集》导论 /（爱尔兰）多米尼克·奥米拉（Dominic J. O'Meara）著；李博涵等译；梁中和校. —桂林：广西师范大学出版社，2023.9

（望江·新柏拉图主义研究译丛 / 梁中和主编；1）

书名原文：Plotinus: An Introduction to the *Enneads*

ISBN 978-7-5598-6008-8

Ⅰ. ①普… Ⅱ. ①多… ②李… ③梁… Ⅲ. ①古希腊罗马哲学－研究 Ⅳ. ①B502.44

中国国家版本馆 CIP 数据核字（2023）第 074120 号

广西师范大学出版社出版发行

(广西桂林市五里店路 9 号　邮政编码：541004)
(网址：http://www.bbtpress.com)

出版人：黄轩庄

全国新华书店经销

深圳市精彩印联合印务有限公司印刷

(深圳市光明新区白花洞第一工业区精雅科技园　邮政编码：518108)

开本：880 mm × 1 240 mm　1/32

印张：6.5　　　字数：155 千

2023 年 9 月第 1 版　　2023 年 9 月第 1 次印刷

定价：49.00 元

如发现印装质量问题，影响阅读，请与出版社发行部门联系调换。

"望江·新柏拉图主义研究译丛"序言

公元前387年柏拉图（前428/427—前348/347）创建学园从事教学，培养出亚里士多德、斯彪西波、色诺克拉底等著名学者。后来老学园柏拉图主义、中期柏拉图主义、新柏拉图主义先后兴起，众多学者在学园和柏拉图主义感召下接受哲学教育，一直持续到公元529年信奉基督教的皇帝为统一思想而关闭学园，学园历经九百载。

此后学园传统在西方中断了近千年，文艺复兴时期最重要的柏拉图主义者斐奇诺在美第奇家族的支持下，于1462年恢复了关闭已久的柏拉图学园，他将美第奇家族赠予他的卡雷吉（Careggi）庄园布置得像柏拉图的老学园一样，蒙特韦基奥（Montevecchio）的石松林就相当于柏拉图老学园的悬铃木（Platanus）树林，而泰尔佐勒（Terzolle）河就相当于老学园的刻菲索斯（Cephissus）河。在学员们聚会的大厅墙面上镌刻着各种格言，比如"万物来自善归于善"（A bono in bonum omnia dirigentur）、"切勿过度，免于劳碌，喜乐当下"（Fuge excessum, fuge negotia, laetus in praesens）。大厅里还有一尊柏拉图的塑像，塑像前点着长明灯。

斐奇诺效仿柏拉图，在自己家中接待友人，来访者被称为"学员"（Academici），他们的导师则被称为"学园首席"（Princeps Academicorum），他们聚会之所被叫作"卡雷吉学园"。随着斐奇诺名声日隆，他被称作"再世柏拉图"。后来随着学园中的导师增多，学员也逐渐分化成了斐奇诺派（Ficiniani）、皮科派（Pichiani）和萨沃纳若拉派（Savonaroliani）等小团体。斐奇诺还成立了"柏拉图兄弟会"（fratres in Platone），其成员也就是"柏拉图的家人"（Platonica familia），他们相互问候的话语是"向柏拉图致敬"（salus in Platone）。入会的条件是博学、道德高尚、与斐奇诺保持友谊。斐奇诺在一封给友人的信中说，他的兄弟会有八十个弟子和朋友。

2010年我们在成都望江楼公园组织了望江柏拉图学园。望江楼紧邻锦江，相当于老学园的刻菲索斯河，园中茂密的竹林相当于老学园的悬铃木树林。公园免费对外开放，人们在其中自由漫步、纳凉、研讨、学习、品茗都十分适宜。

望江柏拉图学园举办了许多活动，其中一项"柏拉图主义著作集体翻译与解读"在持续开展十多年后，令我们积累了一批学术译著和专著。这些著作分别在华东师范大学出版社以"望江·柏拉图研究论丛""斐奇诺集"丛书出版，我们在东方出版中心设立"努斯译丛"，在商务印书馆设立"西方古典哲学指南丛书"，在广西师范大学出版社设立"望江·新柏拉图主义研究译丛"。广西师范大学出版社的"望江·新柏拉图主义研究译丛"将陆续推出优秀的译著，旨在系统引入新柏拉图主义导论作品、经典笺注和重要研究成果。这几套丛书都是我们学术活动的衍生品，旨在为汉语学界出版一批面向中文读者的导论、原典和研究作品，让年轻学生或初学者能够拾阶而上，更全面深入地了解西方思想传统，同时也因此反思我们自身的思想传统，做到中西互鉴，文明互动，思想互通，促进人类命运共同体意识的达成。

按照学界主流观点，柏拉图主义哲学史分期如下：

（1）老学园或早期学园期，公元前348—前268年；

（2）新学园或怀疑派学园期，公元前268—前50年（或可再细分为中期学园和新学园）；

（3）变动中的后学园期，公元前50—公元70年；

（4）中期或早期柏拉图主义时期，公元70—230年；

（5）新柏拉图主义时期或普罗提诺及其之后的柏拉图主义时期，公元230—300年；

（6）晚期新柏拉图主义或后期柏拉图主义时期，公元300—600年，其中包括：

（i）未定名时期，公元300—400年；

（ii）雅典学派时期，公元400—529年（学园关闭）；

（iii）亚历山大里亚学派时期，公元435—611年（学园关闭）。

但要注意，首先，从学园期结束后，柏拉图主义再没有统一的学术机构和完整的传承脉络，都是多头分散进行理论和教育活动；其次，柏拉图主义者对柏拉图的解读，也经历了一些变化，比如新学园的怀疑论倾向，新柏拉图主义的宗教化倾向等，他们并非相互认同，其思想变化也未必遵循一个确定的脉络。因此，我们不能将柏拉图主义思想看作一个单一而完整的学派思想，只能说是有某些理论起点和预设的、共同的思想努力。

学园柏拉图主义除了柏拉图的第一代弟子对其学说的继承和改造外，最受关注的是怀疑派的新学园思想。根据西塞罗的看法，是新学园给了怀疑思想以具体形态，而无疑这种思想在其他哲学家那里已经出现，只是没有充分发展。新学园的怀疑主义更多地表现为一种哲学思考的推进和苏格拉底哲学精神指导下的探索，也是希腊哲学在罗马帝国之内进行世界化的初步尝试。

经历了漫长的怀疑主义倾向时期，柏拉图主义在安提库斯之后，开始所谓回到独断论，主张柏拉图和亚里士多德主义哲学在基本原理上是一致的。因此，为融通柏拉图学园内部各个传统和思想而努力，成为这一时期的标志，这一时期因而被标上了"折中主义"的标签。他们通过学习漫步学派严密的逻辑推论，理顺了柏拉图对话中展示出的思想，通过接触新毕达哥拉斯主义，呼应了时代的宗教和信仰需求，同时还积极与斯多亚学派展开理论辩论，取长补短。这种折中还没有产生独具创造性的新思想，如普罗提诺那样，但已经是在进行积极的建构性的理论工作，因此所谓"中期"就不光是指时间上处于学园柏拉图主义和新柏拉图主义之间，处于世纪之交（公元初年），而且更是指柏拉图主义的一种过渡阶段。这虽然是过渡阶段，但也产生了诸如安提库斯、普鲁塔克、菲洛等对后世影响甚巨的大思想家，同时还有阿普列乌斯等著名学者和作家，柏拉图对话四联剧的编辑家特拉绪洛斯，以及唯一流传下来的最早的柏拉图主义教义概要的作者阿尔基努斯。怀疑论倾向让柏拉图主义就像一条容纳百川的河流，不断吸纳和回应不同的思想，不断壮大，其思想之间不断相遇和融合，最终到新柏拉图主义时已然是汪洋大海。因此，中期柏拉图主义，或希腊化的柏拉图主义，并非围绕一个既定的教义展开的体系化工作，而是一个理论竞争的场域，大家在不断提出新学说的同时，结合各种理论，展示各种思想可能，最终形成诸多富有创造性的思想尝试乃至体系和教义。

而所谓"新柏拉图主义"是指在希腊化罗马时期，从罗马帝国产生危机到阿拉伯人取得胜利，也即公元3世纪中叶到7世纪中叶，这段漫长的时间中继承了柏拉图和前代柏拉图主义思想的哲学学派。这个标签是18世纪的学者给加上的，他们将自身认作柏拉图学说的复兴者，是"柏拉图主义者"。伴随着古代唯物论倾向的学派，如伊壁鸠鲁学派和斯多亚学派的凋零，柏拉图主义逐渐成为主流的哲学意识形态，它给出了从宇宙到人的全面的哲学解释，新柏拉图主义者们依于柏拉图思想，融会众多或者说除了伊壁鸠鲁主义外的几乎全部古代思想传统，习惯于体系性的整体考察，形成了宏大的理论景观。

新柏拉图主义者们共享着古代思想家们的一些基本思想倾向，首先且最重要的是，他们继承了从前苏格拉底哲学家到亚里士多德以来的观点，认为理智在本体论上比之物质更有优先性，理智的实在才是真实的实在，因此灵魂优先于身体也就顺理成章了。尽管柏拉图和亚里士多德在理智对象是否也有优先性上有争议，但是新柏拉图主义者都尊崇意识优先于物质的古老传统，是典型的理想主义哲学家。其次，新柏拉图主义也赞同斯多亚和赫尔墨斯主义的一些想法，在对真正实在进行认识和物理证明的过程中，都依循一个唯一的至高原理，因此新柏拉图主义是典型的一元论理论。这个原理被称为"原初""太一"或"至善",这个至高原理在本体论上和实在性上都优先于其派生的其他存在。

目前欧美的新柏拉图主义哲学研究可谓处于发展的最佳时期,一方面是由于19世纪末以来厚实的学术积淀已经允许学者们较为从容地研究新柏拉图主义的细枝末节,另一方面是现代学术评价机制中的创新要求,迫使学者进军细节,发挥想象力,再现古代传统中的思想传统,不是用现代哲学工具强行切割,而是在论述古代哲学时重新勾连古代精神。在目前全世界取得的众多丰硕成果中,有详尽梳理新柏拉图主义者的共识的著作,有通过翻译解读来还原新柏拉图主义者对诸多哲学文本的阐释的几套大型丛书,有专门分章注解普罗提诺全集的大型丛书,此外,牛津大学、剑桥大学、博睿等出版社也陆续翻译出版了众多经典新柏拉图主义的原著和研究著作。新柏拉图主义的研究指南在逐渐完善,从个人指南如《普罗提诺研究指南》《普罗克洛导论》,到学派指南《劳特里奇新柏拉图主义研究指南》都已经出版。各大学也纷纷设立相关的研究机构和项目,比如都柏林圣三一学院柏拉图传统研究中心、法国科学院丕平研究中心、鲁汶大学古代到文艺复兴文献研究计划等。这些都说明,柏拉图主义特别是新柏拉图主义研究方面的专业人士在剧增,差不多可以与学院中研究柏拉图的人数匹敌。除学科发展带来的泡沫外,我们还要看到新柏拉图主义在当代思想界的独特魅力,新柏拉图主义获得广泛而深入的研究,有利于我们完整地理解西方形而上学传统的发展脉络,有利于我们在真正的思想关联中理解柏拉图。

本译丛旨在集中介绍近五十年来学界的研究成果,也吸纳国内最近二十年涌现的一批青年柏拉图主义专家的译作，以期在展示柏拉图主义的来龙去脉和经典思想的同时，也丰富汉语哲学的维度，吸纳世界优秀文明成果，开启新世纪返本开源的旅程！

梁中和

癸卯年暮春

于四川大学

望江·新柏拉图主义研究译丛

梁中和　主编

顾问委员会（按照姓氏拼音与字母排序）：

崔延强（西南大学哲学系教授）

李秋零（中国人民大学哲学院教授）

徐开来（四川大学哲学系教授）

George Boys-Stones（加拿大多伦多大学哲学系教授）

Luc Brisson（法国国家科学研究中心，国际柏拉图协会前会长）

Brian P. Copenhaver（美国加利福尼亚大学洛杉矶分校 Udver-Hazy 哲学与历史学教席）

Gabriele Cornelli（巴西巴西利亚大学哲学教授，国际柏拉图协会前会长）

John Dillon（爱尔兰都柏林圣三一学院荣休教授，国际柏拉图主义学会爱尔兰分会会长）

Eyjólfur K. Emilsson（挪威奥斯陆大学荣休教授）

Michael Erler（德国维尔茨堡大学古典系希腊学讲席教授）

Francesco Fronterotta（意大利罗马一大古典学系和哲学系教授）

James Hankins（美国哈佛大学历史系教授，I TATTI 文艺复兴译丛主编）

Christoph Helmig（德国科隆大学哲学系教授）

Marije Martijn（荷兰莱顿大学教授）

Dominic J. O'Meara（瑞士弗里堡大学哲学系荣休教授）

Pauliina Remes（瑞典乌普萨拉大学哲学系教授）

Carlos Steel（比利时鲁汶大学哲学系荣休教授）

编委会（按照姓氏拼音排序）：

陈越骅（浙江大学）、程玮（北京大学）、董修元（山东大学）、高洋（西北大学）、葛天勤（东南大学）、何博超（中国社会科学院）、何祥迪（重庆大学）、江璐（中山大学）、梁中和（四川大学）、林丽娟（北京大学）、刘玮（中国人民大学）、刘鑫（南京大学）、罗勇（重庆大学）、苏珊娜（Susanne Kathrin Beiweis，中山大学）、魏奕昕（四川大学）、朱东华（清华大学）

编务委员会（按照姓氏拼音排序）：

陈宁馨、陈威、何端丽、裴浩然、吴立立、张文明

目 录

前言 / 001

导言：普罗提诺的生平与作品 / 001
一、普罗提诺的生平 / 002
二、普罗提诺的作品 / 011

第一章　灵魂与身体 / 015
一、两个世界的学说 / 016
二、灵魂不朽（《九章集》IV. 7 [2]）/ 018
三、灵魂不是身体（《九章集》IV. 7. 2-8^3）/ 020
四、灵魂不依赖身体（《九章集》IV. 7. 8^4-8^5）/ 022
五、《九章集》IV. 7 中的灵魂概念 / 023
六、普罗提诺和笛卡尔 / 024

第二章　可感实在和可知实在之间的关系 / 027
一、灵魂如何在身体中呈现？（《九章集》VI. 4-5 [22-3]）/ 028
二、范畴错误 / 030

三、可理知者的自我呈现 / 031
四、作为依赖的呈现 / 033
五、已解决的两难？ / 035
六、灵魂如何作用于身体？ / 037

第三章　灵魂、理智与理念 / 043
一、灵魂与理智（《九章集》V. 9 [5]. 1-4）/ 044
二、理智与理念（《九章集》V. 9. 5-8）/ 047
三、真理问题（《九章集》V. 5 [32]. 1-2）/ 049
四、自我知识的问题（《九章集》V. 3 [49]. 1-6）/ 052

第四章　理智和太一 / 057
一、单一的优先性 / 058
二、作为复合物的神圣理智 / 064

第五章　谈论太一 / 071
一、太一的不可言说性（《九章集》VI. 9 [9]. 3）/ 072
二、言说太一（《九章集》VI. 9. 3-4, V. 3 [49]. 14）/ 074
三、已解决的两难？ / 077

第六章　万物从太一中的派生（I）/ 079
一、派生的问题 / 080
二、理智的派生（《九章集》V. 4 [7], V. 1 [10]. 6-7）/ 082
三、灵魂的派生（《九章集》V. 1. 7, V. 2. 1）/ 086

四、太一的产生是出于必然性吗？（《九章集》VI. 8 [39]）/ 089

第七章　万物从太一中的派生（II）/ 093
一、柏拉图《蒂迈欧》中的世界创造 / 094
二、作为产物的沉思（《九章集》III. 8 [30]. 1–7）/ 096
三、自然、时间以及物质 / 102

第八章　论恶 / 107
一、恶的问题 / 108
二、物质作为绝对的恶（《九章集》I. 8 [51]）/ 110
三、道德之恶（《九章集》III. 9 [13]. 3, IV. 8 [6]）/ 113
四、宇宙的善（《九章集》III. 2–3 [47–8]）/ 116

第九章　论美 / 119
一、美的经验（《九章集》I. 6 [1]）/ 120
二、可理知的美（《九章集》V. 8 [31]）/ 127
三、美与太一（《九章集》VI. 7 [38]）/ 131

第十章　灵魂的回归：哲学与神秘主义 / 133
一、生活的目标 / 134
二、回归太一 / 137
三、哲学与神秘主义 / 141
四、逃避的伦理学和给予的伦理学 / 143

结语：西方思想中的普罗提诺 / 147
一、《九章集》的历史要素以及这些要素的影响 / 148
二、普罗提诺的影响力 / 155

进阶阅读指南 / 158
参考文献 / 168
译后记 / 185

前言

本书适用于那些对古希腊哲学并不陌生，但不了解普罗提诺，又有兴趣阅读这位哲学家的著作的读者们。如今，许多哲学进路都能通向普罗提诺。我们对古典时代晚期这个对西方文化而言非常重要的历史时期的日益浓厚的兴趣，将我们引向了在其中做出重大创造性贡献的哲学家——普罗提诺及其后继者们（如今，他们被称为"新柏拉图主义者"）。哲学史家们比以往任何时候都更加清楚地认识到，在古代哲学传播到（及建立）伊斯兰和拜占庭世界的哲学以及中世纪、文艺复兴时期和启蒙运动时期西方的哲学的过程中，新柏拉图主义者们塑造了古代哲学。并且，普罗提诺的思想也影响了这些时期和地区的神学、文学、艺术的历史。[①] 当代哲学家们的兴趣已经彻底改变，他们毫不犹豫地将目光投向柏拉图和亚里士多德这些古代思想源头之外。随着对普罗提诺研究和理解的深入，我们会发现他是一个发人深省的哲学家，这一点是几个世纪前的人们未能充分意识到的。

现代学术界内普罗提诺研究最重要的进展，是亨利（Paul Henry）与施维泽（Hans-Rudolph Schwyzer）在 1951—1973 年出版

---

① 详见本书《结语》。

的首部系统的普罗提诺作品校勘本。在此期间，学者们（主要在法国和德国）也对普罗提诺的哲学背景做了许多基础性研究。在英语学界，普罗提诺研究的领军人物是阿姆斯特朗（A. Hilary Armstrong），他的译文（1966—1988 年）与亨利-施维泽校勘的文本（略有修订）一起，终于提供了一个完整、可信、清晰的普罗提诺著作英文译本。如今，我们有了许多对普罗提诺思想系统地解读与分析性讨论的英文著作。[1] 尽管在研究中有如此显著的进展，读者仍然会感到普罗提诺的作品难以阅读。在本书中，我试图使与普罗提诺文本的初步接触不那么令人望而却步。

正如我接下来在导言里解释的那样，我在本书的章节中选取了一些哲学问题（通常是希腊哲学中经典的问题），以此来展示普罗提诺在所选入的论文里如何讨论这些涉及前人观点的问题并为他自己的立场辩护。我希望这样的进路能够使读者在更接近普罗提诺的原文的同时，也尽可能地理解那些促使普罗提诺详细阐述其哲学观点的思想来源。读者会发现章节之间是彼此衔接的，后一章节总是预设了前面章里已经提到的内容。也就是说，我对章节设计的考量更多在于对读者的引领，而非对普罗提诺的文本或其思想世界内部逻辑结构的呈现。在必要的地方，我会引用普罗提诺的原文，用的是我自己的翻译，也会在引文中插入一些用方括号括起来的信息，以便读者更好地理解这些原文。我使用的是与阿姆斯特朗的翻译相近的术语，这样便于读者在阅读本书时参考他的译文。

学术界的同仁可能会发现，在本书中，有些问题被过分简化甚

---

[1] 参见本书《进阶阅读指南》开篇部分。

至省略了。对此,我要说的是,本书的写作目的并非用于专门的普罗提诺研究。不过,我有时也会尝试勾勒出那些当读者更仔细地理解普罗提诺时可能会出现的问题。[①] 如果一名初次阅读普罗提诺作品的读者感觉本书有些部分相当复杂且抽象,我只能说,为了不造成对这位哲学家的误解,这是很难完全避免的。

本书的完成得益于弗里堡大学提供的学术休假补助。此外,我非常感谢阿姆斯特朗、埃米尔松(E. Emilsson)、奥米拉(J. O'Meara),以及牛津大学出版社的审稿人,他们贡献了详细、有用且令人振奋的评注。

D. J. O'M.

瑞士弗里堡

1991 年 10 月

(杨怡静　译)

[①] 总体上我避免使用学术性注释。读者可以在《进阶阅读指南》中找到对普罗提诺文本更多的参照以及对文本的现代讨论的标示。

导言：普罗提诺的生平与作品

我们所知的有关普罗提诺生平与作品的全部信息，实际上都有赖于他的一个学生波斐利（Porphyry）的工作。作为现存的最有趣的古代人物传记之一，波斐利的《普罗提诺的生平》（*Vita Plotini*，以下简称《生平》）是关于普罗提诺生平的主要信息来源。波斐利把它放在他编辑的普罗提诺作品的开头，正是他编辑的这个版本的《九章集》（*Enneads*）盛行于古代且为我们所继承。在普罗提诺去世大约 30 年后的公元 4 世纪初，波斐利出版了《生平》和《九章集》。263 年，他在罗马成为普罗提诺圈子成员时已经 30 岁了，而且在文学和哲学方面接受过较高水平的教育。彼时及在那之后，他对普罗提诺做出的贡献，并不排除是自己兴趣使然。这些兴趣塑造了他的普罗提诺传记以及他对普罗提诺作品的编辑，明确了我们阅读他老师的生平和作品的方式。接下来我们最好将这位向导的观点考虑在内，因为正是他让我们有机会了解这位令他因结识而深感荣幸的杰出人物和哲学家。

一、普罗提诺的生平

波斐利撰写《生平》的目的之一是表明他受老师所托，负责编辑其作品（《生平》7, 24）。其他学生也编写过多种版本，包括阿麦利乌斯（Amelius，写了 100 卷的笔记！）和尤斯托丘斯（Eustochius）。但是，波斐利想自封他的版本为"权威"版本。他还把自己看作这些作品实际写作所围绕的焦点。波斐利暗示普罗提诺在 254—263 年之间（即波斐利到来之前）撰写的 21 篇论文是不成熟的，而在 269

年他离开罗马之后普罗提诺所写的论文显现出了质量下降的迹象。（《生平》6. 28–37）尽管波斐利的这一段自我赞美是荒谬的——毕竟254—263年间的普罗提诺已经50多岁了，并不是一个不成熟的年轻人，况且他在波斐利离开之后写的作品也没有显现出质量下降的迹象——但是波斐利比普罗提诺更像个文人，他似乎有可能鼓励了他的老师多写一些。实际上，与之前写过的较为呆板和说教的论文相比，普罗提诺在263年之后写的论文（例如《九章集》VI. 4–5）显示出极大的自由度和深度。

波斐利撰写《生平》的另一个目的，就是为读者阅读普罗提诺的论文提供准备。他做到了这一点，不仅提供了关于普罗提诺及其作品的有用背景信息，而且把普罗提诺描绘成了理想的哲学家。当我们开始阅读《九章集》的时候，当我们迈开通往智慧的第一步的时候，这种描绘旨在给我们鼓励和指导。这种理想形象是波斐利塑造的，而非普罗提诺本人实际所是。这在波斐利记载的关于普罗提诺的事实和他希望使用这些事实来佐证的普罗提诺的理想形象两者之间形成了明显的张力，对此，我们可以看一下下文的两个例子。

《生平》以这样的语句开篇——"与我们同时代的哲学家普罗提诺似乎对自己住在身体里深以为耻，正是出于这种心理，他不愿谈论自己的族群、父母或出生地"。为了理解这里的关键，我们应该注意到，根据古代文学理论，甫一开篇，波斐利本应通过这位杰出人物的族群、父母和出生地去描述他。波斐利知道这一点，但他作为传记作者的雄心壮志却因普罗提诺的沉默而受挫。这位传记作者的意图从一开始就与他书写的对象的态度不一致。如何解释普罗提诺的沉默？波斐利找到了一个哲学上的解释：这是因为普罗提诺

似乎对自己住在身体里深以为耻。然而，羞耻并不是普罗提诺对身体特征的态度。（参见后文第八章第四节和第九章）

当波斐利试图用神圣的力量、神圣的灵感和准宗教的魔法光环来装点他的理想哲学家时，他也感受到了作为传记作者的他和他的对象之间的张力。他记录道，埃及亚历山大里亚的奥林匹乌斯（Olympius of Alexandria）曾试图用魔法对付普罗提诺，声称普罗提诺的灵魂力量是如此的强大，以至攻击被抵御住了。当一个埃及祭司在罗马的伊西斯神庙里召唤普罗提诺的守护灵时，发现这不仅仅是灵，而是神！（《生平》10）普罗提诺的这个形象在他去世之后被阿麦利乌斯求得的阿波罗神谕予以证实。（《生平》22）

我们该怎么理解这一切？波斐利从谁那里获得有关奥林匹乌斯的故事以及伊西斯神庙中的插曲？普罗提诺死后被授予神谕，对此他能做些什么？阿麦利乌斯和波斐利都非常喜欢宗教运动、仪式和各种神谕。普罗提诺对这些没有兴趣：

> 阿麦利乌斯开始热衷于祭祀仪式，喜欢在朔月和宗教节日时到处参观庙宇。有一次他想带普罗提诺一起去，普罗提诺却说："应该是他们［神灵］来见我，而不是我去见他们。"这样的大话究竟蕴含着什么意思，我们不明白也不敢问他。（《生平》10.33–8）

虽然阿麦利乌斯和波斐利是普罗提诺的学生中最热诚的、与之最亲近的，但我们也不应该假定他们总是代表老师的观点。在这个例子中，很明显阿麦利乌斯和波斐利都没有理解普罗提诺对待宗教及其仪式的态度。阅读波斐利在《生平》中告诉我们的东西时，我们需要牢记这一点。

让我们来看看《生平》给出的一些关于他生平的事实。波斐利告诉我们，普罗提诺在 270 年去世，享年 66 岁，由此可知他大约出生于 204 年。波斐利记录道，普罗提诺 28 岁时在埃及的亚历山大里亚开始学习哲学。他尤其受一位老师——阿摩尼乌斯·萨卡斯（Ammonius Sakkas，关于此人我们知之甚少）的启发，并且和这位老师相处了 11 年（《生平》3）。之后他加入了皇帝戈尔迪安三世（Gordian III）对波斯人的远征（242 年）。（波斐利说他想熟悉波斯人和印度人的智慧，但这是古代哲人传记的标准主题。）在远征过程中，皇帝被自己的士兵杀害（244 年）。普罗提诺逃到安条克（Antioch），然后去了罗马，在那里定居下来。

这些事实可以通过各种方式加以充实。普罗提诺是一个有着深厚希腊文化知识的埃及人，这种可能性并不小。年轻时在亚历山大里亚，后来在罗马度过余生，普罗提诺发现自己身处的世界经历着一个又一个深刻的危机。罗马帝国政治稳定、军事安全、经济和社会发展的伟大时代终结于塞维鲁王朝（Severan dynasty, 193—235 年）。普罗提诺经历了通常只短暂统治数月、以被暗杀告终的一系列皇帝的统治：戈尔迪安三世被谋杀只是这一连串中的一个。内战持续不断，并伴随着波斯和北方蛮族对帝国无情而频繁的灾难性入侵，这带来了农业严重破坏、粮食短缺、流行病频繁暴发、人口减少、贸易中断、通货膨胀严重、税收加重，并使政府军事化加剧。由于这一切所带来的心理压力，我们可以与 E. R. 多兹（E. R. Dodds）一起，把这一时期称为一个"焦虑时代"。

普罗提诺参与针对波斯人的远征这件事令人感到非常好奇。他的职责是什么？他几乎不可能是士兵或者士绅志愿者，像后来另一位哲学家笛卡尔（René Descartes）那样。或许普罗提诺是罗马帝国皇帝有时喜欢将其纳入随行人员中的那种宫廷哲学家。这表明普罗提诺后来在罗马与统治阶层成员的联系可以追溯到他早年在埃及的经历。

回到波斐利的《生平》，我们发现普罗提诺一开始是在罗马向一个由朋友和学生聚成的圈子授课。（他没有担任任何正式的教学职位。）他住在格米娜（Gemina）的房子里，她可能是一个富有的女赞助人。他的圈子包括元老院议员和其他政治家、医生、文学界的男士和许多妇女，他们都有着不同的背景，有埃及的、叙利亚的、阿拉伯的，还有意大利的和罗马的。一个核心学生圈子在小组的工作中合作密切，其中就包括阿麦利乌斯和波斐利。普罗提诺与罗马权力阶层的联系发展成了与皇帝伽利埃努斯（Gallienus，253—268年在位）及其妻子的友谊。普罗提诺曾尝试利用这个机会，在坎帕尼亚（Campania）建立一座城市，称为柏拉图城，并意在根据柏拉图的政治思想进行治理。然而，该计划在宫廷里遭到反对，未能实现。普罗提诺似乎是很务实的：作为几位已故朋友的子女的监护人，他很受喜爱；作为论辩的仲裁者，他也很成功。（《生平》9）

普罗提诺圈子的主要活动是哲学讨论。（普罗提诺本人希望借此达到的目标，将在后文第十章进行介绍。）这些课程对所有人开放。阿麦利乌斯向波斐利讲述了普罗提诺早年在罗马的教学："阿麦利乌斯告诉我，由于他激励参与者进行提问，这些课程很混乱，而且讲了很多废话。"（《生平》3）波斐利告诉我们他在263年加入该小组时发现了什么。小组的课程可能从一个学生阅读柏拉图主义者（例如努麦尼乌斯[Numenius]或阿提库斯[Atticus]）或者亚里士多德主义者（例如阿弗罗狄西亚的亚历山大[Alexander of Aphrodisias]）的近期作品（可能是对柏拉图或亚里士多德的评注）开始。然后，普罗提诺会发表评论，不是照着文本逐字评论，而是采取独特的、与众不同的方式——使用的是他的老师阿摩尼乌斯的方法。（《生平》14）这似乎涉及对一段文章的选择性解释，特别是在柏拉图哲学中，以及对它提出的哲学问题的讨论。课程的大部分时间都用来辩论（也不比阿麦利乌斯抱怨的那些较早的课程更有秩序），普罗提诺没有试图强加他的观点："他的教导像是一场对话，他没有立即向任何人透露他的话中所包含的逻辑必要性。"（《生平》18）然后，波斐利举了一个例子，说明他花了一些时间来理解和接受普罗提诺的立场。在第13节中，他叙述了另一场辩论：

> 我，波斐利，曾经连续三天问他灵魂与身体的关系，他都坚持向我解释。一个名叫陶马西乌斯（Thaumasius）的人走了进来，说他希望听到一份以定型的论文方式呈现的全面的论述，而不能忍受波斐利这样的问答。普罗提诺却说："如果我们不解决波斐利的问题所牵涉的难点，我们就无法说出任何可以写进论文的东西。"

在这一节中，波斐利让我们非常近距离地看到普罗提诺这个人："当他说话时，他的理智甚至照亮了他的脸。他的面貌令人赏心悦目，于是他看起来就更加美好了。他微微出汗，表现出他的温柔，就像他被提问时表现出亲切和严谨一样。"

从波斐利对这些课程宝贵的叙述中可以看出，他们有时候关注柏拉图著作中的一篇文章的正确解读，有时候关注哲学问题（例如灵魂与身体的关系）的解决，实际上这两个方面是紧密相关的。普罗提诺在柏拉图身上看到了一位最接近真理的哲学家的模样。要正确地解释柏拉图，就需要找到柏拉图文本中有关问题的正确答案（例如，柏拉图文本中的段落可能与灵魂和身体有关）。由于柏拉图的对话允许进行多种不同的解释，普罗提诺将这些解释视为可以被接受或拒绝的哲学答案。其他哲学家，如亚里士多德和前苏格拉底哲学家也有深刻的见解，但它们有时也需要解释。现代历史学家会反对普罗提诺的方法：对柏拉图哲学中的一个文本的正确的（历史的）解读方法与对哲学问题的分析大不相同，例如，对柏拉图所说的关于宇宙的话的真实解读，不一定是宇宙本身的真实写照。然而，普罗提诺是一个哲学家，不是历史学家或文学评注家。

在《生平》（第14节）中，波斐利给了我们一份在普罗提诺学园中读到的关于柏拉图和亚里士多德评注者的名单：柏拉图主义者为塞维鲁斯（Severus）、克罗尼乌斯（Cronius）、努麦尼乌斯、盖乌斯（Gaius）、阿提库斯，亚里士多德主义者为阿斯帕西乌斯（Aspasius）、阿弗罗狄西亚的亚历山大、阿德拉斯图斯（Adrastus），以及其他一些人。我们对其中一些哲学家知之甚少，而对于其余的一些，我们不得不从残篇或（顶多）从他们残存的部分著作中找出一点内容。从公元纪年的头两个世纪开始，他们就是教师，像普罗提诺一样，在柏拉图或亚里士多德那里发现了一个古老的真理宝库，对它的解释将给出哲学的答案。柏拉图主义者（被现代历史学家称为"中期柏拉图主义者"，以区别于柏拉图自己的学派的成员与新柏拉图主义者——普罗提诺及其继任者）解释柏拉图的对话——有时根据亚里士多德主义和斯多亚思想来解读，试图在此基础上阐述柏拉图哲学体系。这些尝试得出的结果差异大到足够为普罗提诺提供多种选择。在接下来的章节中，我将参考最为我们熟知的柏拉图主义者，即努麦尼乌斯和阿提库斯的观点，以及波斐利并未提及的一位柏拉图主义者的著作，即阿尔基努斯（Alcinous）①的《柏拉图教义旨归》（*Didaskalikos*），因为它是柏拉图主义哲学从公元2世纪幸存下来的稀有文本之一。亚里士多德主义者阿斯帕西乌斯和亚历山大在亚里士多德思想中，看到了柏拉图主义者在柏拉图思想中看到的东西，他们也致力于在解释亚里士多德的基础上阐述系统的哲学。幸运的是，亚历山大著作的很大一部分都幸存下来了。因为他的一些观点对普罗提诺有相当大的影响，我也将在以下各章中介绍。

波斐利指出普罗提诺对柏拉图的解释很难说是正统的。普罗提诺的解释不为波斐利在雅典的前任老师朗吉努斯（Longinus）所接受，也遭到希腊一些不知姓名的批评家的批评，他们指责普罗提诺抄袭努麦尼乌斯的观点。（《生平》17）普罗提诺安排他最亲密的学生来回应这些批评。更为严重的威胁是现代学术界称为"诺斯替主义"（Gnosticism）的宗教运动对他的圈子的某些成员施加的影响。在本书的后面将有必要详细介绍这一运动，现在可以简述如下。

诺斯替主义是一场宗教运动，其多样性和复杂性令人费解，通常以基督教异端的形式出现。公元纪年的头几个世纪，它在整个罗马帝国蔓延，承诺拯救少数拥有特殊启示或知识（gnosis，即灵知）而得到特赦的人。这些知识声称我们赖以生存的世界，是邪恶无知

---

① 直到最近，现代学者一直惯于（错误地）称呼该作者为阿尔比努斯（Albinus）。

力量的产物，是更高世界的碎片，善神的世界被囚禁其中。当这些神圣的元素潜入身体时，我们等待着从我们的身体和邪恶力量中获得解放。在诺斯替教中可以发现这一大体方案的许多变化和复杂化，这一点从基督教作家怀有敌意的记载和少数流传下来的可靠的诺斯替文献中可以清楚地看到。后者尤其包括20世纪40年代在埃及的拿戈玛第（Nag Hammadi）附近发现的可追溯至公元4世纪的诺斯替书卷。这些书卷里包含了波斐利在《生平》（第16节）中提及的某些文本的版本，因此我们可以读到普罗提诺认为影响十分恶劣的一些作品。

诺斯替主义的基督教敌人认为它在某种程度上是由希腊哲学的腐朽力量而产生的一种异端邪说，而普罗提诺认为它是对柏拉图思想的傲慢且歪曲的解读。它的影响很恶劣，以至普罗提诺在他的许多论文中予以直接关注。他也让他的学生写文章批判诺斯替主义。（《生平》16）他可能（但不一定）抨击了基督教，对基督教几乎没有多少同情心。确定无疑的是，波斐利在他生命中的某个时候发表了非常重要的攻击基督教的文章。

伽利埃努斯皇帝在268年被谋杀，普遍的无政府混乱状况在伽利埃努斯统治期间没有得到缓解，在他死后仍在持续。在普罗提诺生命的最后两年里，他的写作更多关注道德问题：恶、天意、幸福。269年，患有严重抑郁症的波斐利，在老师的劝告下离开了罗马，去了西西里岛。普罗提诺病倒了，他的圈子似乎也开始分散了。一种我们现在无法准确鉴定的疾病（可能是肺结核或某种麻风病）蚕食着他的生命，他退隐到坎帕尼亚的明图尔诺（Minturno）附近一位已故朋友兼学生的乡间住宅里。他在另一个学生兼医生尤斯托丘斯的陪伴下，于 270 年去世。尤斯托丘斯转告当时不在场的波斐利说，普罗提诺的遗言是："努力把你自己内在的神引向大全中的神。"（《生平》2. 26–7）

二、普罗提诺的作品

受到普罗提诺作为理想哲人的形象的激励，《生平》的读者打算继续阅读接下来的内容，开始阅读由波斐利编辑的普罗提诺的作品《九章集》。在这里，波斐利也通过他编排该版本的方式来指导我们。幸亏他在《生平》里解释了自己的编辑程序。他首先拆分了普罗提诺的一些论文，以便增加到 54 篇。这样做的目的是得到一个数，该数是完美的数字 6（1+2+3 和 1×2×3 皆等于 6）与数字 9 的乘积，9 作为第一组数（从 1 到 10）的最后一个单数，象征着完整。论文的这种拆分方式总体上并没有太大的误导性，因为被分割的论文的各个部分在波斐利的版本中通常是互相挨着的（例如，VI. 1、VI. 2 和 VI. 3）。然而，正如我们在下文将看到的那样，有一篇重要的论文受到了这种处理方式的严重影响。

波斐利接下来的操作是将 54 篇论文分成 6 卷，每卷 9 篇，即"九章"（希腊文中的 enneades），根据他所认定的主题，将论文分到不同的卷次里。按主题分卷旨在为读者灵魂的提升铺平道路，从最初的步骤通向普罗提诺哲学的最终目标。因此，第 1 卷的 9 篇论文（I. 1–9）涉及道德问题，第 2 卷和第 3 卷（II. 1–9 和 III. 1–9）讨论自然世界，第 4 卷（IV. 1–9）处理灵魂问题，第 5 卷（V. 1–9）讨论理智，

第6卷（VI. 1–9）讨论太一。

这种安排有严重的缺点。首先，普罗提诺的写作方式更像柏拉图的，而不像亚里士多德的，他并不把自己局限于用一篇作品来涵盖一个特定的主题或领域。他的论文常常处理许多不同的问题，因此不容易被归入某个专题卷次。其次，针对诺斯替主义的一篇主要论文，被波斐利分成4个部分，继而被分配到不同的卷次中，它们分别是 III. 8、V. 8、V. 5 和 II. 9。这些分散在波斐利编辑的版本里的被拆散的部分原来是在一起的，我们之所以能看出来，是因为事实上波斐利告诉了我们这些论文是按照什么顺序撰写的。根据这个撰写顺序（《生平》4–6），所讨论的论文编号是30到33。

波斐利最后的编辑干预是为这些论文插入标题（一些是他自己拟的，一些是学园中通用的），因为普罗提诺对出版中的这个惯例（或任何其他惯例）没有兴趣。（《生平》4. 16–18, 8. 1–7）除可能添加了一些解释性短语外，波斐利似乎并未严重干预普罗提诺的原文，为此，我们必须表示感谢。普罗提诺的风格是如此的个性化和自由，以至现代学者不得不学会抵制规范或"纠正"他的作品的诱惑。

到目前为止，人们可能会得出的结论是，波斐利对普罗提诺作品的安排完全是人为的，有时还有误导性。它并不值得推荐，无非是给我们提供了一种相当难懂的方式来参阅普罗提诺的文本。[①] 如果

---

① 引用普罗提诺作品的标准方法是给出波斐利版本的论文编号（例如，第 III 卷，论文编号 8 = *Ennead* III. 8），接下来在方括号中给出按照写作时间排列的论文的编号（例如 III. 8 [30]），接下来是节和行的序号（例如 *Ennead* III. 8 [30]. 1. 1–2）。斐奇诺（Marsilio Ficino, 1433—1499 年）在他的拉丁文普罗提诺译本（佛罗伦萨，1492 年）中介绍了《九章集》每篇论文的"节"的划分。斐奇诺版的《九章集》第 4 卷第 7 章的一些资料丢失了，第 8 节随后被编号为第 8^1—8^5 节。

我们不遵循波斐利的编辑指导，那么我们应该如何阅读普罗提诺？这需要考虑两个问题：如何阅读单篇文本，以何种顺序阅读这些文本？

波斐利两次（《生平》4, 5）指出，这些论文来自普罗提诺学园的讨论。上面提到的陶马西乌斯事件表明，在学园针对问题进行彻底辩论之前，普罗提诺不会写下他的想法。哲学家们（当然有柏拉图，但也包括亚里士多德和斯多亚学派）的各种观点，以及针对柏拉图和亚里士多德的晚近评注者的立场，都会被考虑在内。普罗提诺在阐述自己的立场之前，也会考虑到学生们的各种观点。有鉴于此，更可取的方法似乎是把这些论文当作与柏拉图文本解释或问题解决方式相关的辩论，当作从与普罗提诺时代相近的哲学前辈的观点提供的背景里衍生出来的辩论。[①] 在接下来的章节中，我将采用这种方法，以各种哲学问题（以及柏拉图的相关文本）为出发点，说明普罗提诺在某些特定论文中如何根据他对前辈作品中的选择的批判来阐述他的观点。我的目的是通过这种方式使读者更接近这些论文的实际运作方式，并传达一些关于普罗提诺哲学如何演变的想法。

关于阅读这些论文的顺序，如果读者打算全部阅读，最好遵循写作的时间顺序（参见前文）。这使读者能够完整地阅读被拆分的论文，并了解普罗提诺是如何理解和发展早期论文中涉及的要点的。一些现代学者认为，他们已经在按时间顺序排列的论文中发现了理智的发展过程。的确，我们可以注意到普罗提诺生平中不同时期的

---

① 关于普罗提诺对其方法的声明，参见 *Enn.* III. 7 [45]. 1. 7–17。普罗提诺写这些论文并不只是为了记录这些争论，他写作（和教导一样）通常是为了引导我们通过哲学走向善（参见后文第十章）。

不同侧重点：例如，与诺斯替主义的对抗似乎在公元3世纪60年代达到了顶点，最后的几篇论文则更集中于论述道德主题。普罗提诺哲学的某些领域可能发生了演变。然而，我们应该记住，普罗提诺是在50岁之后开始写作的，彼时他的思想应该已经有些成熟了。如果与后来的作品的自由度和深刻性相比，他的第一篇作品显得有些僵硬和简短，那么与其说这与理智的发展有关，不如说与写作的信心和熟练度的增长有关。

如果不阅读所有内容，我们当然也可以阅读这些论文的选段。在接下来的各章中，我挑选了一些论文选段，其中一些摘选自普罗提诺的早期作品，另一些摘选自他较为复杂的作品。

（石帅锋　译）

第一章

灵魂与身体

一、两个世界的学说

对于那些初次接触柏拉图哲学的人们来说，最引人注目的一点可能是柏拉图哲学看待"实在"的独特视角。柏拉图的对话录，尤其是《斐多》（*Phaedo*）、《斐德若》（*Phaedrus*）、《理想国》（*Republic*）和《蒂迈欧》（*Timaeus*）这 4 篇，鼓励我们设想实在被划分为两个世界，即一个我们通过感官感知到的周遭的物质世界（"可感的"世界）和另一个我们只能通过思维或理智抵达的非物质世界（"可理知的"世界）。物质世界是一个不断变化的世界。在这里，一切都处于变化过程中。身体不断地形成和分解，无法保持稳定的同一性。物质转瞬即逝，以至人们无法说出或确知任何与其相关的确定且真实的表达。与之相反，非物质世界则是稳定的、持久的、永恒的。它由"理念"（或者说"形式"），而非由流变的事物组成。理念是非物质性的，保持着清晰且不变的同一性：比如说"美"这一理念，它是与物质世界中变化无常的美的事物相对的美本身、永恒的美。两个世界之间的关系是这样的：物质世界就像是理念世界的一个影子、一幅图像。物质世界唯有在分有永恒的理念世界的意义上才能存在，就像影子只能作为某物的影子才能存在一样。为了了解我们看到的世界——我们居于其中的影子的世界，我们必须在思想层面探究它所反映的永恒模型，即理念的世界。

在呈现柏拉图主义的两个世界学说时，很难避免推测该学说的意义。一种基于柏拉图的视觉语言的字面解读，可能认为柏拉图本人确实在这个物理世界之外看到了另一个世界，一个从某种意义上来说属于哲学家的光明、完美、不朽的伊甸园，一个灵魂渴望逃往的世界。另一种对该学说的阐释，提醒我们不要太从字面意义上理解和接受柏拉图对这一世界在视觉上的描绘，指出该学说可以归结为概念范畴（理念）和感知材料之间的区分。柏拉图自己到底想说什么呢？他所作出的理念和有形存在之间、非物质和物质实在之间的区分到底意味着什么？这些问题直到今天仍然是开放的，后来的哲学家们提供了多种解读。对于柏拉图作出的这一区分，可以找到许多具有（或者其实没有）哲学意义的答案。

总体来说，中期柏拉图主义者在处理这一问题时并未展现出太多的原创性。阿尔基努斯预设了两个世界——可感实在和可知实在之间的一种比较简单的区分，作为柏拉图主义基础性的且不可置疑的教义。（例如，参见《柏拉图教义旨归》4；阿提库斯残篇8；阿普列乌斯［Apuleius］《论柏拉图及其教义》［De Platone et eius dogmate］6。）努麦尼乌斯在其对话录《论善》（On the Good, 残篇3–8）中对此做了更全面的讨论，但他仅仅论述了在柏拉图的一些文段中可以找到的东西。他强调物质世界的转瞬即逝性和理念世界的永恒性，坚称只有后者才能被认为是最完满且最真实的，因为它始终如一，不像总会消散的物质。然而，普罗提诺在多种意义上脱离了这种陈词滥调。他试图在对灵魂和身体作出区分的语境下处理柏拉图的区分，这种试图避免混淆灵魂和身体，以及将理智作为灵魂的原理去探究的方式，为我们引入了一种理解非物质实在和物质实在的新视角。由此，处理这两种实在之间的关系的难题，就和处理灵魂-身体关系时所遇到的难题联系起来。在这一章中，我们将从灵魂-身体区分的角度出发，讨论普罗提诺对两个世界学说的阐释。关于这一点，在随后的两章中会有进一步的探究，涉及灵魂与身体的关系（第二章），以及灵魂与理智的关系（第三章）。

近 2000 年来，有许多哲学家都接受了柏拉图主义将可见世界视为一个更高的、更丰富的非物质世界的影像这一看法。即使是亚里士多德主义者，也因相信有一个更高的、非物质的神圣实体的存在，而对这一观点有所认同，尽管他们没有像柏拉图主义者那样将物质世界判定为半存在（semi-existence）。直到 17 世纪才出现了一个具有决定性的转变和一个新的开端——是笛卡尔带来的。在他试图挣脱古代和中世纪哲学以发现一种全新的近代哲学的努力过程中，笛卡尔将心灵–身体的区分视为最基本的形而上学区分。然而，心灵（无论被如何定义）与身体（无论它是什么）之间（在何种意义上）的区别直到今日仍是当代哲学中尚未解决的重要问题。普罗提诺将两个世界的学说解释为灵魂（或理智）–身体的区分，这在何种意义上预示了后来笛卡尔哲学引领的哲学新开端？关于这一问题，本章将在末尾给出一些提议。

二、灵魂不朽（《九章集》IV. 7 [2]）

普罗提诺早期著作里的其中一篇，即《九章集》IV. 7 [2]，致力于指出灵魂的不朽性。对此，柏拉图已经在他的《斐多》和《斐德若》（245ce）中讨论过。柏拉图说灵魂是非身体性的、非混合的实在，不可毁灭，这一点却被亚里士多德反驳了。亚里士多德认为，为生物的诸多功能赋予结构（或理念）的灵魂不能免遭死亡。然而有一种生命功能——即理智——除外：在亚里士多德看来，思维不是某一特定的身体器官的功能。因此，理智似乎具有不朽的性质。（《论灵魂》［De anima］2. 2. 413^b 24–7; 3. 4–5）然而，在这一问题上亚里士多德的表述十分含混，且无论如何，不朽性的问题与他在《论灵魂》中展现出的生物学兴趣相去甚远。斯多亚学派则在总体上承认一种有限的、非人格性的不朽：在死后，有智慧者的灵魂可以与渗透世界的神灵融为一体。伊壁鸠鲁学派忠于他们的理论，认为万物都是虚空中某些原子的短暂集合，继而提出灵魂是一类（最精细的）原子的集合，因此在其本性的意义上注定会消散。在 IV. 7 中，普罗提诺通过对亚里士多德、斯多亚学派和伊壁鸠鲁学派的反驳，捍卫了柏拉图的立场，并且正如我们将会看到的，这一辩论反过来对普罗提诺最终所持有的立场产生了影响。

普罗提诺很快就表明了（第 1 节）不朽性问题是如何与灵魂的本质这一问题相连的。因为若我们果真由身体和灵魂构成，显然只有在灵魂中才能够找到逃离死亡的机会。但这就意味着灵魂绝不是身体，且一定可以脱离身体而存在。因此，普罗提诺在第 2—8^3 节中针对斯多亚学派和伊壁鸠鲁学派提出的"灵魂是身体"这一观点进行反驳。即使亚里士多德没有确认灵魂和身体的同一性，他对这一问题的处理方式仍是大体上将灵魂视为在存在意义上依赖于身体的东西，就像毕达哥拉斯学派的某种观点一样——他们认为灵魂是身体各部分的和谐秩序。这些观点也是普罗提诺在得出结论（第 9 节）前必须反驳的（第 8^4—8^5 节）。最后，他总结说灵魂不是身体，其存在也不依赖于身体。

三、灵魂不是身体（《九章集》IV. 7. 2-8³）

为反驳其他人——尤其是斯多亚学派——将灵魂视为身体的观点，普罗提诺所列出的一些论据并不是全新的。这些论据在柏拉图的《斐多》、亚里士多德的《论灵魂》、亚里士多德学派的评注以及中期柏拉图主义那里已经可以找到。普罗提诺所运用的论述策略大体上可总结如下：

1. 争论中涉及的所有学派都同意，他们所说的"灵魂"是指为某些身体（包括植物、动物和人类）赋予生命的原因。
2. 身体的本性无法作为此类原因使其自身活动。

通过论述第二点，普罗提诺有根据地得出这样的结论：他和他的对手所理解的灵魂，不可能具有身体的本性。对第二点的论述，既考虑了普遍意义上的生命，也考虑了诸多具体的生命功能。在此，可以简要考量一下普罗提诺的几个论证案例。

如果灵魂是活着的身体中的生命源泉，那么它自身必须有生命。如果它是身体，那么它就是组成身体的4种基本要素(或元素)——火、气、水、土——中的一种（或多种），或者是这些元素组成的混合物。但这些元素本身是无生命的。由这些元素混合而成的事物依赖于其他事物，即一种能使他们组合在一起的原因。这个"其他事物"就是灵魂所指的东西。因此，灵魂肯定不是身体，无论是作为某一元素，还是作为元素的组合。（第2节）

至于不同的生命功能，普罗提诺采纳了亚里士多德在《论灵魂》中列出的那些——列表上的功能使"生命"的意义变得具体：活着就意味着拥有营养、生长、繁殖、移动、感知、想象、记忆、思考中的一种或多种功能。在普罗提诺看来，这意味着作为这些具体功能的原因的灵魂不可能是身体。比如说，"如果灵魂不保持同一，我们怎么记得，又怎么认出那些和我们相近的东西？"（5.22–4）即，如果灵魂是身体，而身体永远处于流动的变化中，那么我们如何可能在时间中保持自我的同一性？何况，在我感知的时候，我是作为整体去感知，而不是作为诸多部分的集合去感知。感觉能力既具有统一性（unity），也存在于身体的不同部分。但身体不可能在处于不同地方的同时仍保持统一性。因此，灵魂作为感觉能力不可能是身体。（第6—7节）此外，如果思考是身体的功能的话，怎么会有对非物质性实体（incorporeal entities）的思考呢？（第8节）

　　以上所给出的只是最简洁的概括，除此之外，普罗提诺还有更详尽的论述。他的论点无法使斯多亚学派信服，毕竟他们曾试图论证思考如何发生于具有物质性本性（of bodily nature）的灵魂。他们的灵魂概念里包括一种具有张力的统一性力量的观念，这一力量可将身体中的不同感觉部分统一起来。此外，他们并不认同普罗提诺提出的关于物质性本性的说法，这是希腊哲学中相当普遍的理论，在亚里士多德和柏拉图哲学中都能找到，即认为身体由4种无生命的元素组成。斯多亚学派则谈到，一种身体性的力量，或者说一种给予生命的宇宙精神或气息，渗入并聚合纯被动的物质，创造出愈加复杂的、趋向理性的物质实在的等级。然而，普罗提诺坚持他自己对身体的观点。他认为身体是不能推动自身、不可自行组织的。它自己无法产生更高的，特别是有机的功能。这些功能必须由其他东西提供，因而这种东西不可能是身体。

　　针对斯多亚学派所进行的论辩并非一无所获。它促使普罗提诺认为灵魂是一种宇宙力量，可以统一、组织、维持且控制世界的方方面面。实际上，柏拉图在《蒂迈欧》中也论述了一种宇宙灵魂（34b–37c）。这个观念的重要性持续体现在普罗提诺的思想里，这也意味着在与斯多亚学派的论战里，有关于此的新想法已经出现了。

四、灵魂不依赖身体（《九章集》IV. 7. 8^4–8^5）

在令人满意地处理完对灵魂-身体同一性的反驳后，普罗提诺接下来面对的论题是，如果灵魂是非身体性的，它为了存在就不得不依赖于其与身体的关系。对于那种声称灵魂是身体各部分间和谐秩序的说法，普罗提诺质疑道，什么东西对这一秩序负责呢：是灵魂吗？可是灵魂本身并非秩序，而是使秩序和谐之物。（第 8^4 节）如果灵魂真如亚里士多德所说，是身体的某种形式或结构，那该如何处理思维——这个亚里士多德认为不依赖于某特定器官的活跃功能？普罗提诺认为，即使是更低级的生物性功能，也不与它们所依赖的特定身体器官绑定在一起。他给出的例子是植物仍然能够在其根部保持多种生物性能力，即使该植物体中与这些能力相对应的部分已经枯萎。（第 8^5 节）

普罗提诺对亚里士多德的批评并未比他对斯多亚学派的反驳更有说服力，尽管正如他指出的，亚里士多德对思维的分析确实难以与他关于灵魂的其他观点保持一致（这一点在阿提库斯残篇 7 中已经可以看到）。无论如何，普罗提诺在此的反驳过于简短。在与斯多亚学派物质主义的论述做了一番抗争后，他急于得出结论，说灵魂作为身体中生命的源泉，不是身体，其存在也不依赖身体。这一点指向了灵魂的不朽性。普罗提诺也很快将他对灵魂–身体的区分转化成了更宽泛意义上的可知实在和可感实在的区分，或者就像柏拉图的《蒂迈欧》（28a）中所说的，真正永恒的存在和不息的变化之间的区分。（第 8[5] 节第 46—50 行；第 9 节）

这种基于灵魂–身体意义上更广泛的区分，需要一份比 IV. 7 末尾的论述更仔细的考察。普罗提诺自己指出，仍有诸多问题留待解决。针对不朽性的讨论，涉及的是普遍意义上的灵魂，还是也包括每个个体的灵魂？（第 12 节）如果灵魂与身体是分开的，它如何进入身体？（第 13 节）植物和动物的灵魂是不朽的吗？（第 14 节）柏拉图在《理想国》中谈到的灵魂的三个部分是什么——它们都能免于死亡吗？（第 14 节）普罗提诺对这些问题的讨论非常简短，且只回答了部分问题，而他在较晚期写就的篇章中再次回顾了部分问题并且给出了更详尽的论述，对此我们将在下文论及。

五、《九章集》IV. 7 中的灵魂概念

IV. 7 中对灵魂–身体区分的讨论以及对灵魂独立于身体的讨论，可能会因其粗略和好辩而使我们感到惊讶。然而，文本的确显示出普罗提诺视角中的柏拉图主义是如何受到其竞争者，尤其是受到亚里士多德和斯多亚学派哲学发起的挑战的影响。毫无疑问，普罗提诺认为自己是在通过瓦解对手的观点来捍卫柏拉图，但他论述中的柏拉图也被该论证重新塑造了。普罗提诺哲学中的灵魂更像是斯多

亚学派中的宇宙生命力量，渗透被动的物质，在方方面面给予它结构、凝聚力和秩序。此外，这一动力因所行使的特定功能与亚里士多德列出的诸功能一致。与此同时，普罗提诺与斯多亚学派和亚里士多德学派拉开了距离。一般来说，身体作为无生命的基本元素或由这些元素组成的东西，具有被动性，即无能力进行自我组织——斯多亚学派将自我组织的能力归因于身体本性的其中一个方面。这就是为什么这种动力（如果没有它，世界就无法存在）在普罗提诺这里必须是非身体性的且独立于身体的。至于亚里士多德学派，普罗提诺并不像亚里士多德那样将灵魂所辖的范围限制在有机的事物：对于普罗提诺来说，灵魂是整个宇宙的结构的原因。他也不将灵魂的不同功能理解为必然只作为相应身体器官功能而存在。灵魂在与身体的不同器官的关系中可以有不同表现，但它并不依赖这些器官来获得存在。这一点作为普罗提诺的灵魂观的大致描述目前也许就足够了。以下章节将处理其他问题，以便我们能够从多种角度更细致地描述这一全景。

六、普罗提诺和笛卡尔

普罗提诺通过对灵魂和身体进行区分来处理两个世界的学说的这种进路，在何种程度上预示了笛卡尔试图为现代科学和哲学奠定的新基础，即心灵－身体的区分？我们无法排除这两位哲学家之间的联系。普罗提诺在古代最聪慧、最热诚的读者之一（至少有一段时间）是圣奥古斯丁（St Augustine）。奥古斯丁的作品清晰地说明了普罗提诺处理非物质实在的方法，即发现灵魂的本质及其源泉。奥古斯丁也是最伟大的拉丁教父，他的作品在笛卡尔时期构成了受过教育的基督徒的智性氛围的一部分。事实上，与笛卡尔同时期的一些哲学家惊讶地发现他的某些观点和奥古斯丁的是如此相似。

然而，普罗提诺的两个世界的学说和笛卡尔的身心区分之间有着很重要的区别。笛卡尔试图构建一系列具有绝对确定性的科学真理，这意味着从一开始就拒斥凭感知获得的所有印象。他找到的第一个确实可靠的信念是他作为心灵而存在，这一确信并不必然包括对他作为身体而存在的确信。纵使笛卡尔后来展现了身体的存在，但很显然心灵和身体的关系并不是心灵赋予身体所有的功能：身体的大部分功能都是身体自身的结果，它们发端于身体的机械运作。然而，普罗提诺所首要考虑的并不是阐述一系列不可推翻的确信，他更感兴趣的是世界本身以及它是如何被组织成这样的，当然，也是为了追求与此相关的真理。他所提出的在各个细节上形成且维持着这个世界的灵魂，与笛卡尔的心灵大相径庭。

不过，我相信，普罗提诺在其他方面也在某种程度上预示了笛卡尔后来给出的哲学新方向。笛卡尔试图通过从对心灵进行分析所得出的确信，而非通过对世界的观察来阐述科学知识，这一点导向了后来对被称为"人的主体性"（human subjectivity）这个典型的近代哲学问题的兴趣。与可能用稍显幼稚的方法简单地观察和描述世界不同，近代哲学家探讨试图进行这种观察的人类主体。该主体在研究中预设了什么？他在分析世界时使用了什么方法？想要真正了解世界，我们必须获得更多关于想要进行此探索的人类心灵本质的知识。普罗提诺敏锐地意识到他的研究不仅包括被谈论的对象，即世界，也包括进行探究和谈论的人类主体。他在 IV. 7 将近末尾处（第 10 节）指出，该问题绝不是无关紧要的。对灵魂独立于身体、身体从灵魂中获得秩序和价值的发现，即是某种对个体来说具有重要的本质性意义的发现。当我们探究世界时，我们是在表达和发现作为灵魂的真正的自己。对我们真正的自我的发现，既导向对我们自身更进一步的探究，也使我们获得对我们作为灵魂而创造的世界更深刻的理解。

在另一种意义上，普罗提诺同样影响着笛卡尔和近代哲学。尽管他声称可知实在"高于"或"超越"物质世界，但他很清楚不能在空间意义上理解这种关系。可知实在在我们自身中作为灵魂被发现，且对我们自身本质的根基的进一步研究，解释了可理知者存在的首要形式——理智。在一定意义上，普罗提诺内化了可知实在，而不是当作一个外在的概念，将其视为我们所处世界之外的另一个世界。对普罗提诺来说，可知实在是在我们自身本性的深处找到的。这种理智的内在化是近代哲学的特征，但却不再具有它曾经体现在普罗提诺哲学里的宇宙性意义——如果这些理智原则是在我们的内在中找到的，那么人们便会认为它们本身就无法产生这个世界。

（杨怡静　译）

第二章

可感实在和可知实在之间的关系

一、灵魂如何在身体中呈现？（《九章集》VI. 4–5 [22–3]）

普罗提诺在 IV. 7 中做出的灵魂和身体的区分遗留了一些尚未解决的难题，并在后来导向了其他问题。要识别这种区分与可知实在和可感实在的区分之间的区别，需要进行深入的讨论：在后文第三章中，我们可以看到可知实在不仅包括灵魂，也包括其他实体。而且，在普罗提诺对灵魂和身体的区分的基础上，可能会出现这样的问题：既然灵魂与身体如此不同，它为何会在身体中发现自己，以及灵魂究竟是如何得以呈现（或存在、出现）在身体中的呢？后一个问题在普罗提诺的学园中引发了诸多讨论。波斐利曾说："我，波斐利，曾经连续三天问他（普罗提诺）灵魂与身体的关系，他都坚持向我解释。"（《生平》13. 11–12）是什么使这一点这么难理解呢？为什么灵魂呈现于身体中的方式如此令人迷惑？

《九章集》VI. 4–5 [22–3] 是普罗提诺在波斐利来到学园后所写的最早的作品，展示了他如何试图回答波斐利的问题。第一节呈现的问题可以表述如下：灵魂和身体的区分，意味着二者各自拥有着与另一方截然不同的本性。身体是复合的，从根本上来说由 4 种元素构成（火、气、水、土），这些元素本身由形式和质料构成。既然是复合的，身体在其本性意义上就易于分解。此外，身体的特点是有大小、数量，并且与位置关联——它若没有被分解，就不能随意处于不同的位置，且不同的部分占据不同的位置。与此相对，灵魂是非复合的，不可分解，且由于它的非身体性而没有大小和数量。它也不像身体那样占据位置且受限。但如果我们按照普罗提诺的说法，说灵魂呈现在身体中——这种呈现如何可能？如果灵魂呈现在整个身体中,遍及身体所有不同的部分,难道这不会使灵魂分解吗?如果说灵魂保持着"一",它如何在作为一个整体呈现于身体的不同部分中的同时维持这种统一性?普罗提诺对灵魂和身体的区分是否大到使我们难以理解二者究竟是如何能够联系在一起的,尽管他坚称灵魂使身体成其为身体?

在 VI. 4. 2 中,普罗提诺将灵魂呈现于身体的问题与另一个更大的问题,即与可知实在在可感世界中的呈现联系起来。他清楚这样做会使自己不得不面对任何一个柏拉图主义者都必须面对的最困难的问题之一。柏拉图的《巴门尼德》(Parmenides)中论及理念论时提出诸多疑难,其中有一个涉及众多特殊可感事物中单一理念的呈现问题(131ac):理念(例如"美本身")如何在保持自身作为"绝对的一"的前提下,呈现在诸多(美的)事物中?理念在多种事物中的呈现似乎意味着理念自身作为整体的"一"的瓦解,而这是不可能的。但为了保持理念自身的统一性,就必须放弃它在诸事物中的呈现。这种观点同样让人难以接受。柏拉图本人对于这个两难没有给出清楚的解决方式,亚里士多德则将此视为拒绝柏拉图理念论的其中一个决定性原因(《形而上学》[Metaphysics] 1. 6)。这个悬而未决的问题后来成为柏拉图哲学中居于核心位置的致命弱点。中期柏拉图主义者对此有所意识,却没有加以解决,而是满足于论及可知实在和可感实在之间的"神秘"关系。普罗提诺的 VI. 4–5 是我们目前所拥有的第一篇直面这一问题的柏拉图主义文献。

二、范畴错误

在阅读 VI. 4–5 时，读者可以从很多方面去理解普罗提诺处理呈现问题的方式。其中就包括对所谓的"范畴错误"引起的问题所做的分析：我们困惑于非物质的本质如何可能在不同的身体，或在身体的不同部分中以整体的"一"的方式呈现，这是因为我们错误地以思考身体——物质性存在的方式去思考非物质性的本质，也就是说，我们将它理解成了只能像身体一样，除非被分成部分，否则无法存在于不同位置。确实，"身体可以分解但仍然保持整体性"这个斯多亚式的观点对普罗提诺来说是不可能成立的。那样的话，关于"呈现"的问题就会被视为由心理上的混淆而引起的，这种混淆包括（1）认为非物质性存在受到和物质性存在（身体）同样的限制，尤其是位置限制，继而（2）无法理解非物质性存在如何可能作为整体呈现在身体中。

> 理性试图考察被论及的东西，而理性不是一，是某种可分的东西，它把身体的本性带到探究中，并且其原理也获自身体，所以它把存在也看作这样的（身体性的）。于是理性分割了存在，不相信存在的统一性，因为它［理性］没有从恰当的原理出发进行探究。（VI. 5. 2. 1–6）

该文段指出了一种合适的处理方式：让我们习惯于用另一种方式来思考非物质性存在，不是作为身体，而是从它自身适当的、非数量的和无位置的特征去思考。VI. 4–5 的大部分内容都在讨论这种方式。普罗提诺反复地回到相同的观点上，从不同的角度去看待它们，帮助读者培养一些可以使其不至于坠入困惑中的思维习惯。我们可以这样说："灵魂呈现于身体"的问题，或可理知者呈现于可感事物的问题，实际上来自我们理解中的缺陷，而不是柏拉图哲学中的缺陷。学习进行正确的思考将会消解这一问题。

即便如此，也不是完全解决了这一问题。我们仍然有理由相信，即使读者反复阅读了 VI. 4–5，并且锻炼自己的思维习惯以避免范畴错误，这个问题照样不会被完全解决。因为，如果某种已知的可理知本性并不像物质在其他身体中呈现的方式那样在多种身体中存在的话，它究竟在何种意义上呈现？难道"呈现"不是意味着在特定身体中拥有位置吗？"非物质性的呈现"可能是什么样的？

三、可理知者的自我呈现

普罗提诺在 VI. 4–5 中提出的概念在这里可能有所帮助。尤其是他试图解决"对于我们谈及的非物质性存在，'呈现'意味着什么"这一问题。正如他在 VI. 5. 2 中所示的那样，我们必须试图从那些适用于身体的范畴之外的角度去思考非物质性存在——我们要寻找与它的特殊本性相关的方面：

考虑作为一与全的存在的讨论时，我们必须把适宜它的原理作为可信的原理，即可理知者和真正的存在的可理知的原理。因为，既然有的事物［即身体］易于被运动和各种变化影响，被划分到不同的地方，它就应该适当地被称作"生成物"，而不是"存在"；而另一种［即可理知者］是永恒不变的存在，既非被生成的，也不会被毁灭，没有地点、处所或位置，既非来自某处，也不去往某处，而是保持在它自身之中。当人们谈及前者［那类事物］，应该从它的本性以及关于其本性的意见去推理，以可能性原理做可能的推断，并形成关于它的论证。但当谈及可理知者时，人们最好将自己所关心的存在的本性作为解释原理，而不是像忘记了一样，偏离到另一种本性。（VI. 5. 2. 6–22）

遵循这些训谕，我们可以发展出一种对非物质性存在的描述，这种描述能够突显出它的无变化性、相对于任何特定地点或（它可能存在其中的）身体的独立性，一种存在的完满性，这种存在拒绝逃离自身，而变成另一种自我消散的存在，就像标志着身体本性的那一类：

如果这是真正的［可理知的］存在，无变化，不离开自身，无生成，如之前所述的那样不在任何地方，那么它必然总是它所是的状态，即始终与自身同在，既不离开自身，也不会一部分在这里而另一部分在那里，它不会产生任何东西——否则它就会已经处于不同的地方，或一般性地处于某物中，不再在其自身，也无法免遭影响，因为如果它在别处，就会受影响，要想不受影响，它就必须不在别处。（VI. 5. 3. 1–8）

或许我们可以说，有身体的呈现，它们弥漫于不同的地点，也有非物质性存在的呈现，它具有自我整全性（self-integrity）：相较于可以被看作是依赖性的、不稳定的、永远朝向消逝的身体的呈现，作为具有彻底的统一性和稳定本质的理智，意味着一种之于它自身而言的完全的呈现。这是一种多样性在面对自身时的完全呈现，因为正如我们在后文第三章里可以看到的，存在着诸多可理知者。但是诸可理知对象相互之间并不就位置的不同而互相区分。（VI. 4. 4）它们存在的完满性构成了一种相互之间的完全呈现。

如此一来，普罗提诺就在一定程度上为非物质性呈现的概念增添了一些实质内容，否则这个概念似乎没有什么意义。我们可能仍然对此无法满意，因为虽然普罗提诺已经区分了身体相互之间的呈现和非物质性存在对自身的呈现，但我们关心的问题是像灵魂这样的非物质性存在对身体的呈现。

四、作为依赖的呈现

在 VI. 4–5 中，普罗提诺探索了使我们更靠近某种解决方案的其他想法。我认为，最重要的是他提出的对单词"in"的阐释，因为它涉及非物质性实在和物质性实在之间的关系。在希腊文中，"in"可以表示"在"某人或者某物的权能中，即依赖于这种权能。在这种意义上，非物质性存在不在任何权能中，它的存在也不依赖于任何身体。在另一方面，依赖于灵魂的身体，可以被理解为"在"灵魂之中，就像物质性实在依赖于，或者说"在"非物质性存在之中。（VI. 4. 2）对普罗提诺来说，这就解释了为什么柏拉图在《蒂迈欧》（36de）

中将世界置于灵魂之"中"。

在 VI. 4. 7 中，普罗提诺举了一个用手握住某个物体的例子：手作为物体依赖和置身其中的权能，完全地将自身呈现给了物体。在不久后写就的 IV. 3 [27] 中，他给出了另一个例子：

> 宇宙在支撑起它的灵魂之中，且没有任何事物不分有灵魂，（灵魂）就像一张浸在水中的网，虽然是有生命的，但是不能使自己成为在它之中的事物。这张网尽其所能地随着已经伸展开的海洋一道伸展，它的每个部分都不可能处于它所处之外的地方。灵魂的本性是如此伟大，以至于能一下子包含整个身体于其中，这正是因为它没有大小，于是无论身体伸展到何处，它都在那里。（IV. 3. 9. 36–44）

也就是说，普罗提诺要求我们转变思考的方式。我们不应该把灵魂当作某种"在身体中"的东西。在这个意义上，"灵魂如何在身体中"是一个很糟糕的问题。对于灵魂与身体的关系，我们应该试图理解为身体"在灵魂中"，因为它的整个系统结构和生命都依赖于灵魂。VI. 4–5 里也有另一个相似的思维方式的转变，普罗提诺在这里谈论的，不是灵魂"进入"或"降入"身体，而是身体进入或靠近灵魂。这种对灵魂–身体关系的旧有思维方式的转变，使我们不再受困于这一关系的空间概念层面：身体"进入"灵魂意味着作为身体的存在依赖着灵魂。

许多个别的身体都能够"在"一个非物质的本性之中，是因为它们都可以依赖于这一本性。在与不同身体及其不同的能力的关系中，这种依赖特性可以有不同的表现。(VI. 4. 15) 但是它们所依赖的非物质性力量始终作为整体保持"在"自身中，作为统一性的整体，不会因为被诸多身体的依赖而被分成部分。

五、已解决的两难？

回顾普罗提诺在 VI. 4-5 中针对非物质性呈现于物质性这一问题而提出的解决方法，可能有一定的帮助。通过直接面对这个问题，他是否成功地消解了对柏拉图关于"实在"的观念的其中一个反驳？《巴门尼德》中的两难以及亚里士多德对此的批评是不是真的被克服了？

普罗提诺认为，这个问题不仅涉及柏拉图主义哲学家，同时也涉及其评论者："一般来说，当所有人自发地说在我们所有人之中的神是'一'且是同一个的时候，这种数目上的等同在任何地方都被认为是'整体'。"（VI. 5. 1. 1-4）如果人们假设有一个神呈现于他们之中，那么他们必须同样假定一个普罗提诺在此处试图阐释的这种呈现。他们能够捍卫并且解释自己的假设吗？圣奥古斯丁很快接受了这个假设，并将普罗提诺对物质性呈现的观点运用于基督教对神的解释——神呈现在世界和人类之中：

因此，在真理［即上帝］中，我们所有人都能够平等共同地分有某物；它没有任何欠缺和错误……它是永不会被分解的食物；我不能吸收的东西，你也不会吸收。当你分有它时，没有什么东西被你私人占有；你从中得到的东西对我来说仍然是完整的……与此同时，它对所有人来说都是共有的。因此我们触摸、品尝和嗅闻的所得，比我们倾听和观看的所得，距离真理更远。每一个词都完全被所有听者听到，并且是同时被每一位听者完全听到；每一个呈现在眼前的景象，一个人所看到的和另一个人同时看到的是同样的。但是这相似性［即视听事物的呈现与上帝的呈现之间的相似性］其实相差甚远。①

奥古斯丁关于一种声音被所有人听见以及一种景象被所有人看见的例子，来自普罗提诺（VI. 4, 12; III. 8. 9）。

无论它还有什么更广泛的含义，我认为，普罗提诺对呈现这一问题的解决方法是具有说服力的，因为他已然使读者接受这一论述，即存在另一种实在——非物质性存在，据此，我们周遭的世界才衍生出其个性。如果人们相信这样的看法，那么有关呈现的难题就可以用普罗提诺所建议的方法来解决。也就是说，这个难题无须再作为柏拉图主义者的某个神秘的、在哲学上感到难堪的"不可外扬的家丑"。另一方面，如果人们否认非物质性存在的存在，就会无法对普罗提诺的解决方法感到满足，因为这一解决方法的出发点正是对这种存在的预设。

柏拉图主义的批评者可能会进一步怀疑，通过将（非物质性在物质性中的）呈现关系理解为一种（物质性对非物质性的）依赖关

---

① *De libero arbitrio*, 2. 14. 37–8, trans. M. Pontifex, *St. Augustine: The Problem of Free Choice* (Westminster, Md., 1955).

系，究竟能有多少收获。将灵魂呈现在身体中解释为身体依赖灵魂，究竟能带来多少帮助？依赖关系是一种因果关系。这种因果关系似乎回避了"呈现"这一概念中的位置关系。但这是真的吗？难道因果关系不是在空间里相互接触的身体之间的关系？柏拉图哲学中的非物质主义的古代批评者——例如某个斯多亚主义者——可能会这样争论（今日我们或许会倾向于在论及因果关系时从事件遵从自然法则的角度去谈，而非视之为身体接触且作用于身体）。对此，普罗提诺会如何回应呢？

六、灵魂如何作用于身体？

斯多亚学派认为只有身体可以作为原因对身体施加影响（这正是他们将灵魂视为与身体同一的原因）。该原则早已被亚里士多德构想过，他认为一个物体要想作用于另一个物体，就必须在通常意义上与其有物理接触，也就是说，二者必须在物理位置上相互接近并且都是物体（身体）。在这个意义上，作为非身体性实体的灵魂无法作用于身体。毫不令人意外的是，在《论灵魂》1.3 中，亚里士多德指出，柏拉图将灵魂视为区别于身体的真实存在的方式是无法解释灵魂如何作用于身体的，尽管这一运动早已被预设。无法解释灵魂对身体的作用，这一点侵蚀着柏拉图主义者的灵魂概念，因为这似乎迫使他要么抛弃灵魂 - 身体的区分，要么抛弃灵魂作用于身体的观点——他的整个立场变得不堪一击。

笛卡尔的心灵 - 身体区分也引来了类似的批评。人们发现笛卡尔也无法解释心灵如何作用于身体，尽管他明确预设了这一运动。在以下著名的文段中，笛卡尔表明他意识到了这个问题，尽管它似乎并没有对他造成太多困扰：

> 从我已经发表的文章来看，或许我可以说，在我看来，您所提出的问题是最有理由提出的。因为［关于灵魂］有两种观点……一种认为灵魂能思考，另一种认为灵魂和身体结合在一起，灵魂可以和身体一同行动、一起受苦。对于第二点，我说得很少或者根本不曾说过，我只是试图阐明第一点。（写给伊丽莎白公主的信，1643年5月21日）

无论笛卡尔的解决方法可能是什么，很明显的是，普罗提诺无法忽视这个问题，因为它已经在亚里士多德对柏拉图的批评中出现了。

在现有文献中，普罗提诺未曾花大量篇幅探讨灵魂如何作用于身体这一问题。但我们仍然能找到包含这一问题的答案的文段。他并不认为，面对着对柏拉图主义的批评，我们无法给出任何答案。实际上，他给出的某种可能的答案其实比柏拉图在处理这个问题时所给出的一些无用的暗示——尤其是在《法义》（*Laws*, 10. 897a, 898e–899a）中——走得远得多。

普罗提诺指出的第一点是，致使身体发生变化的灵魂的运动，必须与这一运动在身体内引起的变化区分开来。比如说，灵魂作为身体生长的原因，在引起身体里的这一变化的同时，其本身并不生长：

因为负责生长的灵魂，在促进生长时，其自身并不生长；在带来增长时，其自身也并不增长；一般而言在引起运动时，其自身也并不随着它所引起的运动［或变化，kinesis］而运动，它自身全然不动，即使它运动，也是随着另一种运动或实现（activity［energeia］）而运动。因此这种形式的本性必然是一种活动（activity），并且这种本性需要通过它的呈现来实现。（III. 6 [26]. 4. 38–42）

为了表述灵魂运动与其引起的身体变化的区别，普罗提诺在这里采纳了亚里士多德作出的实现与运动（或变化）的区分。对于亚里士多德而言，当某物尚未实现其自身以某种方式运作的潜能，但已经处在达成这种实现的过程中时，事物就发生了变化，而一旦达成，就是它的实现。比如说，在我们通过学习变成音乐家的过程中我们在发生变化，当我们掌握并运用这门技艺时，我们便处于作为音乐家的实现状态。因此，变化和不完整性、不完满性，以及部分对完整功能（也即实现）的趋近这三点联系起来。然而，对于普罗提诺来说，变化和活动之间的区分，体现了一种在身体状况下不完满的近似与作为非身体性本性的灵魂的完满功能特质之间的区别。对于亚里士多德来说，实现是变化所抵达的顶端；对于普罗提诺来说，活动是非物质性实在的独立功能，由此产生的身体变化则是不完美的模仿。

普罗提诺举了一个例子，关于旋律和琴弦上弹奏出的曲调之间的关系："就演奏乐器来说，受影响的不是旋律，而是琴弦。然而，如果没有旋律规定应当怎样拨动琴弦，即使演奏者想拨，琴弦也拨不出调来。"（III. 6. 4. 49–52）普罗提诺在这里最关切的，是区分非物质性、非空间性、非时间性、非数量性的适应灵魂本性的活动与这些活动所引起的身体的各种变化。但这些变化是如何造成的？这个音乐的例子并不是很好。因为曲调是由第三者——作为"动力因"的弹奏者在琴弦上拨弄出来的。但灵魂不仅是旋律，也是身体变化的动力因，那么灵魂如何引起这些变化呢？

亚里士多德对世界中的变化的分析给普罗提诺提供了有帮助的概念。根据亚里士多德的观点，如果某物朝向它拥有的潜能所对应的实现而变化（或运动），该实现必然作为这一过程的目标从一开始就以某种方式呈现了出来，以指明方向。也就是说，我们是通过向一位已经掌握了技艺并能够指导我们的老师学习来使自己成为音乐家的。在这个意义上，作为变化之目标的实现必须先于变化。这意味着，在物理宇宙中每一个变化都必须预设一个先天独立于它的实现，整个变化和实现的系统最终依赖于一个纯粹的（即不动的）实现——神性的非物质性实体，它保证了这个系统的永恒性。亚里士多德似乎认为天体是对这种神性实体的沉思，且受其完善性（纯粹实现）的启发，在天体永恒的圆周运动中模仿着它。这种运动相应地引起了地球上无休止的过程。

普罗提诺采纳了这一因果关系模型，由此提出灵魂也是一种非物质性的实现，它引起身体的变化，不是像一个身体拉动或推动另一个身体这种意义上的变化，而是作为先天独立的完善性激发对其模仿的身体变化。或者说，身体中不同的生物功能即发生于各自相应器官中的变化，与灵魂的种种相应的、先天的活动的特性相关。

另一个问题是，对世界的生成的考察（后文第七章）将给我们提供一个回到灵魂作用于身体这一复杂问题的机会。针对普罗提诺对该问题的讨论，我们或许会做出与前文第五节中相似的评论。我们可能还会注意到，普罗提诺倾向于严格地坚持对灵魂和身体的区分。他对此没有做出丝毫让步，从不将灵魂视为身体，即不认为灵魂能够物理地或机械地作用于身体。如果只有这种解决方案才能满足批评者——比如一个提出灵魂作用于身体相关问题的斯多亚主义者，那么他们是在要求普罗提诺放弃灵魂和身体的区分。此外，普罗提诺巧妙地利用了柏拉图最杰出的学生、同时也是最令人惊叹的批评者亚里士多德在物理学领域提出的概念，因为这些概念允许非物质性世界和物质性世界之间因果关系的存在。就像在亚里士多德的宇宙中，诸多变化依赖于独立的非物质性实体，在普罗提诺这里，它们依赖着灵魂。

（杨怡静　译）

第三章

灵魂、理智与理念

一、灵魂与理智（《九章集》V. 9 [5]. 1-4）

在前文第一章中，我们通过灵魂与身体之间的区别的相关观点，探讨了可知实在与可感实在的区别。关于所有柏拉图主义者都必须面对的问题，以及关于亚里士多德学派和斯多亚学派所作的批评的讨论，引导普罗提诺以一种全新的方式看待灵魂和身体之间的区别与联系。他快速地得出了结论，指出它们总体上关注的是可知实在与可感实在之间的联系，与此同时，他相信灵魂只构成了可理知存在的一部分。本章将通过对下面两个问题的分析来探讨可知实在内部的差别：灵魂与理智（nous）之间的关系，以及理智与理念之间的关系。接下来我将讨论"神圣理智"，以此说明普罗提诺首要考虑的不是人类理智，而是一个独立于世界并由产生世界的灵魂所预设的理智。

为了将世界解释为一种理性的结构，我们必须假设一个神圣理智，这种观点在古希腊哲学中相当普遍。斯多亚学派将他们内在的、组织一切的神视作理性的，视作逻各斯（logos），而作为心灵的我们，则被视作碎片。这种逻各斯保证了它所构造的世界可以被理解，并且是理性的。在亚里士多德的哲学中也存在一个宇宙论意义上的神圣理智。亚里士多德将天体所模仿的神圣的、非物质的实体描述为一个可以思维的理智（《形而上学》12.7, 9），这大概是因为亚里士多德认为，除此以外再没有什么别的独立于身体的实现了。对于亚里士多德的评注者阿弗罗狄西亚的亚历山大而言，该神圣理智更加重要。在亚里士多德的《论灵魂》中，有一章（3.5）内容异常晦涩，它指出我们进行思维的潜能是由一个动力因——一个能动的理智实现的，为了解释这一章的内容，亚历山大将这个动力因等同为《形而上学》第12卷中的神圣理智。因此，神既令我们运思，又启发我们模仿他在大全宇宙中的完美。这样一来，中期柏拉图主义者便经常提及一个神圣的理智。然而，他们的观点并没有得到明确的阐述。他们在柏拉图的《蒂迈欧》中找到了一个神圣理智，即神圣工匠（或"德穆格"〔demiurge〕），正是他依据理念所提供的模型塑造了世界（28a—29b）。但是神圣理智与理念之间的关系是怎样的呢？这个理智与柏拉图在《理想国》（509b）中提及的至高原因——"善之理念"之间又会是怎样的关系呢？阿尔基努斯给出了一条进路：理念不过是一个神圣理智的诸多思想而已，这个神圣理智超越于世界，与亚里士多德哲学中的神十分相似。一个较低的理智——一个世界灵魂的理智——沉思更高的理智，并受此范型启发而赋予世界秩序。（《柏拉图教义旨归》10, 12, 14）我们将会看到，这种对柏拉图哲学的解释存在着许多困难，并且它也不是柏拉图主义者给出的唯一解释。

无论如何，我们可以确定的是，尽管大多数古代哲学家都假设了一个宇宙论意义上的神圣理智的存在，但是就应该如何描述这个理智而言，他们之间存在许多分歧。"也许追问理智是否存在这样的问题十分可笑，但是仍然会有人对此提出质疑。然而，我们的任务在于讨论理智是否我们所谈论的那样，它是否独立自存，是否是真实的存在者，是否有理念的本性。"（V. 9 [5]. 3. 4—8）因此，普罗提诺在 V. 9 [5] 靠前的几节中讨论了属于某个特定种类的神圣理智的存在，它（1）独立于宇宙（反驳斯多亚学派）并且（2）与理念

——或称"诸真实存在者"构成一个统一体（反驳亚里士多德学派以及一些柏拉图主义者）。从一些文段所表达的思想中可以得出该结论，我们可以就其中之一（V. 9. 3-4）简单地考察一下。

让我们回到灵魂组织世界这一说法（参见前文第一章），我们可以补充一点，该活动预设了一种"技艺"，这种技艺是一个知识体系——一种智慧，它引导了这种活动。普罗提诺论证说，灵魂在安排事物时所彰显出的智慧，并非在本性上属于灵魂。灵魂"被知会"了此种智慧：它可以获得智慧，也可以失去智慧。或者换一种术语来表达——这样更接近阿弗罗狄西亚的亚历山大对亚里士多德的《论灵魂》的解读，灵魂通过一个先天的动力因——一个理智而实现了一种活动（即智慧），该理智必须独立于灵魂，并且独立于世界，因为正是它启发了灵魂创造世界。这个独立的理智并不接受智慧，也不会变得智慧，否则我们就得假设另一个独立的理智，由它知会前者，并且它自身就其本原而言就是智慧。

根据论证可以得出结论：（1）灵魂对世界的理性化组织预设了神圣理智，与斯多亚学派的观点相反，此神圣理智必须独立于世界，唯有如此才能作为知会灵魂之活动的智慧源泉；（2）此理智固有的活动是智慧，也就是关于理念的知识，而理念则是灵魂所依据的模型。后一个结论既与亚里士多德主义者的相反——他们否认理念的存在，又与某些柏拉图主义者的相反——他们用其他方式解读神圣理智与理念之间的关系。后一点需要我们投以更多关注。

二、理智与理念（《九章集》V. 9. 5–8）

我们知道，在普罗提诺所处的年代，关于神圣理智与理念之间的关系问题，柏拉图主义者之间存在相当大的分歧。引起争论的原因在于柏拉图《蒂迈欧》（39e）中的一段晦涩文本，普罗提诺在下面这段话提到了它：

"理智，"［柏拉图］说，"看见存在于［理想的］生命物中的理念。"然后又说："造物主［德穆格］这样筹划，即理智在［理想的］生命物中所看见的，这个宇宙也应该拥有。"那么他是不是说，理念在理智之前已经存在，理智在理念已经存在之后思考它们？（III. 9 [13]. 1. 1–5）

这里的问题是理念的独立性。在普罗提诺述及的解读中，理念先于神圣理智，也就是说，它们独立于思考它们的理智而存在。它们在理智之前，或"在其之外"。在普罗提诺的学园中，这种观点一直受到波斐利的辩护，直到他被说服放弃它。（《生平》18. 10–19）波斐利先前在雅典的老师朗吉努斯持另一种观点，他认为理念在神圣理智之后。第三种观点由普罗提诺辩护，它早已出现在阿尔基努斯的文本中，他将神圣理智与理念等同起来，认为理念乃是神圣理智的思想，是其思维活动（《柏拉图教义旨归》9–10）。普罗提诺在 V. 9. 5 支持了这种立场。他的论证大致如下：

前提是存在一个独立于世界的理智（这是所有亚里士多德主义者和柏拉图主义者都普遍认同的立场），这个理智必须将其自身作为思维的对象。亚里士多德早已提出了这一点（《形而上学》12.9）：如果神圣理智要思维某个并非其自身（即"外在"于其自身）的他者，这便意味着理智在某种情况下只能潜在地知道其自身之外的东西。但是，不应允许任何潜能潜入这一实现中——依照必然性它必须是纯粹的。然而，普罗提诺将自己与亚里士多德区别开来，他主张神圣理智的这种对于自我的思想（self-thought）就是一种对理念的思维。他声称这是本质性的，因为在他看来，理智的作用就如智慧的本原一般，或者说如原型一般，引导灵魂创造世界。这样的智慧不可能出自世界，因为它乃是世界的模型，并且也不可能在灵魂中找到它的本原——灵魂只是获得了它，理智也不能把它当作什么并非（或外在于）其自身的东西而获得之，因为这将承认潜能进入了神圣理智。

对此可以提出几种反驳。例如，在将理念解释为一个神圣理智的思想时，难道不是有致使理念的自身存在依赖于理智对它们的思维这样的危险吗？这岂不是意味着理智实际上"编造"出了理念吗？这难道不是与柏拉图坚持理念的独立实在相矛盾吗？普罗提诺在 V. 9. 7–8 中讨论了此种反驳。他认为这并不重要。如果将神圣的思想理解为理念的活动，那么理念的独立性就可以被保留下来。理念并非"死的"对象：它们有生命，即它们的活动，此种活动便是思想。理念是"真实的存在"，也就是说它们的存在免于可感事物的消亡特性，这种存在便是思维活动的存在，即理念的存在。并且由于存在许多自身活动为思想的理念，我们可以说众多的理智构成了神圣理智的统一体及其思想的对象。

这又引出了另一个问题。如果说神圣理智既是一——即它思维其自身，又是多——即作为其思想之对象的理念的多样性，这难道不是自相矛盾吗？神圣理智怎么可能既是一又是多呢？在V. 9. 6中，普罗提诺在没有放弃他的立场的情况下给出了解决这一矛盾的方法。神圣理智的多样性并非是在空间上被联结起来的：诸可理知的对象（或诸理智）彼此之间并非像身体那样被空间所分离。它们"全在一起"，构成了整体的一致样貌和多样统一体，如VI. 4-5中所说明的那样（参见前文第二章第三节）。这样一个多样统一体并非完全不可信，因为我们已经在更熟悉的经验层面上对其他多样统一体有所了解：种子是一，然而随着种子发育，它所包含的多种多样的力量将显现出来；科学知识是一个系统化的整体，同时也是一个包含许多离散的定理的统一体。

《九章集》V. 9在结尾提及了一些其他的相关问题，普罗提诺对它们进行了简单的讨论（V. 9. 9–14）：存在多少理念？什么样的可感事物存在理念？对于丑呢？对于非自然的事物呢？对于个体事物呢？普罗提诺的论点是，有一个神圣理智存在于灵魂之前，并且此理智与理念同一，在对它们加以评价之前，我们或许可以先考察一下尤其对后一个论点进行了深入探究的文段。

三、真理问题（《九章集》V. 5 [32]. 1-2）

《九章集》V. 9 [5]是普罗提诺早期的作品之一，相较于V. 5 [32]和V. 3 [49]，它看起来相当朴素并且有几分学究气，接下来的内容将考察后两者。

在这两篇论文中，读者将会体会到哲学上的精微与深奥，对此这里只能提供一份简要的指导。

在V.5的开头处，普罗提诺讨论了真理问题，即我们是否可以声称获得了真正的知识。普罗提诺为了回应以诺斯替主义为代表提出的挑战（参见导言部分第一节），创作了一系列作品，这篇文章便是其中之一。诺斯替主义对普罗提诺学园里的一些成员的心灵造成的影响与日俱增。为了对抗这种影响，普罗提诺命他最亲近的学生准备了许多反驳诺斯替教的短文（《生平》16），并且他本人也亲自批判诺斯替主义，尤其是在由《九章集》III.8、V.8、V.5以及II.9所构成的长篇论文中（参见导言部分第二节）。在这篇论文的最后部分，普罗提诺明确表达了他对诺斯替主义所持的观点：他将其视作一种对柏拉图哲学的不当解读，它进行了不当的创新，因而篡改了古代的智慧。诺斯替教的态度是一种自负的自我主张，是对理解的拒绝，是强加于己的无知。因此，普罗提诺主张的不是过多地与诺斯替教进行争辩（他认为这是浪费时间），而是通过加深他的学生对哲学的理解来抵消诺斯替教的影响。

在V.5.1–2中，我们可以发现一种对真理的本性更加全面的理解。诺斯替教的一个重要观点是，世界的造物主（或德穆格）在行动时是无知且存在错误的，因而产生了一个并非基于真正知识的世界。普罗提诺并不像诺斯替主义那样讨论行动者，他提及的是怀疑论哲学对真理的可能性的否定（V.5.1）。怀疑论者曾攻击其他哲学家，尤其是诘问斯多亚学派和伊壁鸠鲁主义者——他们认为正是感知产生了真正的知识。怀疑论者问道，如果感知指的是我们据之获取那些将对象表征出来的图像的一个过程，那么我们如何能确定这些图像的真实性呢？图像可以反映我们感知器官的各个方面（例如，我们的视觉是否模糊不清），而非忠实地表征对象。并且我们无法证实知觉图像的真实性，因为这种证实自身依赖于知觉图像。假若思维活动可以帮助我们辨别知觉图像的真假，就像斯多亚主义所认为的那样，那么这同样会引出别的难题。思维活动可以被分析为一种从被假设的前提开始的推理（演绎）活动，而这些前提是通过另一种方式被认识的。但它是如何进行的呢？是以知觉图像为基础的吗？非演绎性的前提似乎是一种图像或印象。但是我们无法绕开这些图像或印象去证实它们的真实性。怀疑论者的结论是，人无法声称拥有任何真正的知识。

在 V. 5. 1 中，普罗提诺似乎接受了怀疑论者论证的有效性。但是他并不认为必须得出相同的结论，因为他反对该论证所依赖的假设。怀疑论者（及其反对者）的假设是：在关于真正的知识的所有主张中，被认知的对象都外在于（或并非）进行认知的行动者。在普罗提诺看来，为了对真理的可能性进行辩护，我们必须拒绝这一假设。如果被认知的对象与进行认知的行动者是相同的，那么就可以实现真正知识的可能性："所以，真正的真理不与他者、而与自身相一致，并且不述说自身之外的什么东西，它所述说的便是它所是，它所是的便是他所述说的。"（V. 5. 2. 18–20）换言之，真理的可能性依赖于一个论点，即存在一个神圣理智，其思维对象便是它本身。倘若想要反驳怀疑派哲学家的批评，为（能够）有所认知进行辩护的话，那么无论理解起来如何困难，这一论点都是一个必要的假定。

我们可以感觉得到普罗提诺太过着急了，以至他不能接受怀疑论者的论证。他实际上放弃了真理受质疑的那种知识——我们对外在事物的知识，从而为另一种形式的真正知识的可能性辩护，这种形式就是认知者和被认知者在神圣理智当中毫无中介的共在。面对怀疑论者的攻击，他的回应更像是一种后撤，而非反击，因为吸引我们的真理知识乃是关于外部世界的知识。如果他可以说明在我们努力认知并非我们自身的事物时，由神圣理智中的认知者与被认知者的统一体所确保的真理，能够以某种方式起到帮助作用——我们将在后文考察这种可能性，那么他的策略或许会更有说服力。然而，在普罗提诺看来，他的论证应当能够帮助我们看到诸如诺斯替教的观念的错误，即指导创造世界的心灵生活在虚假和无知当中。

四、自我知识的问题（《九章集》V. 3 [49]. 1–6）

另一个将我们带回理智及其对象（即理念）的统一体这一论点的问题，关涉的是自我知识。在古希腊哲学中，自我知识是一个基础主题：苏格拉底将自我知识视作哲学的起点；亚里士多德的神便是绝对理念化的自我知识；斯多亚学派则将幸福与一个人认知自身以及人在自然中的位置这一能力联系起来。在攻击哲学家们关于（人能够）确知某物的主张时，怀疑论者同时还攻击了自我知识的可能性。普罗提诺在最后所写的论文之一——V. 3 [49] 中，重新考察了怀疑论者的论证，并且努力想要说明下面这一点，即在神圣理智中的认知者与被认知者的统一体这一论点的视角下，自我知识的可能性是如何得到辩护的。

怀疑论者认为自我知识不可能的论证或许可以总结如下。如果某物对其自身有所认知，那么它要么作为整体要么作为部分进行认知。如果它作为整体进行认知，那么在其自身当中便不剩余可供认知的对象。如果它作为部分进行认知，那么便是它的一部分对它的另一部分进行认知。但这并不是自我知识。因此自我知识是不可能的。不过，普罗提诺却发现这一论证留有一个选项。（V. 3. 1）对于那些自身并非复合物即并非由诸部分组成一个整体的事物而言，关于它们的自我知识，该论证并不适用。但是关于这样一个事物的自我知识是如何可能的呢？

在 V. 3. 2–4 中，普罗提诺讨论了我们的灵魂进行认知的方式。它认知（毋宁说是寻求认知）并非自身的事物，这凭借的是感知和思维活动，在思维活动中，知觉图像通过丰富的准则或标准得到对比与判断，例如，善的概念与我们说某个事物善或不善。作为灵魂，我们并不认知自身；我们认知非我之物，即关于外部对象的知觉图像和概念化的标准，我们视后者为从别处来到我们身上（我们并未创造它们），也就是说，来自一个处于完全活动当中的理智，它乃是这些标准的源泉，并将这些标准思维作理念。所以，在探究我们知识的本原所在的过程中，我们对自己有了一种间接的、衍生的认识。

但是，真正的自我知识只有在思维其自身的理智当中才找得到（V. 3. 5–9），后者也就是认知者和被认知者的自我呈现，在这当中，认知者和被认知者之间没有来自空间上的距离、中介性的图像（或表征）以及二者之分离的干预，从而不至于把自我知识变成一种关于他者的不可靠的、不可确证的知识：

所有东西都将同时变得同一：理智、理智活动（intellection），以及可理知者。因此，既然它的［即理智的］理智活动就是可理知者，

第三章　灵魂、理智与理念　053

而可理知者是［理智］自身，那么理智就将思考它自身。因为它在理智活动中进行思考，而理智活动就是它，并且它思考可理知者，而可理知者也是它。因为理智活动就是理智自身，因为可理知者也是理智自身，理智在理智活动中思考可理知者，可理知者就是理智，那么从这两方面来看，理智都将思考它自身。（V. 3. 5. 43–8）

普罗提诺想要概述一种知识的形式，这种知识与我们所熟悉的那种非常不同。他在谈论它时，基本上取消了我们的认知方式的特征，以及导致这种认知的不确定性的原因：通常来说，作为认知者，我们认知并非我们自身的东西；我们依赖于中介性的图像和表征；我们必须经过漫长的逻辑化的处理、考虑、计算、论证、推演。不过从这些努力中我们可以意识到，我们对认知所做的尝试全都假设了一个理智的存在，从这个理智当中我们得到了我们的概念，它自身拥有而非得到（即获得或推导出）这些概念，这些概念不是它之外的什么东西，而是与它同一。

这些反思可以得到以下结论。我们关于外在于我们的东西所认知的内容（非常不完善）是一种外化的、有所欠缺的自我知识的形式。在寻求认知我们周围的事物时，我们间接地寻求认知我们自身。我们关于外部事物所认知的内容出自并将引回自我知识的绝对真理，从这个意义上来说，这种认知内容为真。自我知识只见于神圣理智当中，后者与其思想的对象相同一。那么，为了充分地认知我们自身，我们就必须与神圣理智同一。

这些结论需要更多充分的解释，我们将在接下来的章节中讨论它们。下一章将讨论的问题是：如果真正的知识（同时也是自我知识）

只见于神圣理智中认知者和被认知者的统一体的话，这岂不是意味着消除了全部的知识吗？知识的概念不是就必然包含着认知者与被认知者的区别吗？如果认知者与被认知者是同一的，那么在这些情况下我们还能谈及"知识"吗？认知者与被认知者同一，并且与此同时仍然互相区别，这一观念将在第四章得到进一步考察。

回顾本章所述内容，读者或许会不禁将普罗提诺的进路与亚里士多德的作比较。对物理世界的分析使亚里士多德不得不假设一个独立的、非物质的理智，尽管这与他对物质实在的强调相违背，也与他对感知作为知识之不可或缺的载体这一主张相违背。并且他进一步得出结论，他的神圣理智只能思维它自身，它乃是一种"对思维的思维"。这一结论尽管看似奇怪，但这乃是他的理论的逻辑使然。普罗提诺也意识到了自己必须假设一个独立的理智，它在组织世界的灵魂之上并超越灵魂，但此理智必须与智慧——诸模型或者理念相同一，正是它们启发了灵魂创造世界。

神圣理智与作为其思维对象的理念同一，这一主张或许会令我们感到异常难以理解。不仅在试图解释世界的秩序方面，而且在处理怀疑论者对认知某物之可能性的攻击上，我们无论如何都必须考察这一结论。如果我们对理解这一主张感到困难，很有可能是因为它假设了一种知识，这种知识与我们习以为常的思考方式非常不同，在对它的说明中，我们只能消解掉在我们（或多或少的）认知事物的方式中所意识到的诸多不完善之处。在这里，普罗提诺又一次要求我们把旧的思维习惯搁到一边，它们不仅指将万物用物质化的术语加以解释，还包括了将思维呈现为完全"推论式的"，即一个关涉外部对象之数据的冗长计算过程。无论把握神圣理智的完美知识

第三章 灵魂、理智与理念 055

对我们而言有多困难,在普罗提诺看来,在它与我们所习惯的推论式的思维方式之间并没有不可逾越的鸿沟:因为神圣理智构成了灵魂,它对灵魂来说总是在场,因而对我们的灵魂也是如此(参见后文第六章);我们总是与它处于联系之中,并且我们可以借由深化我们的洞察来抵达它(参见后文第十章)。

  人们或许会不禁将普罗提诺心中更高的"非推论式的"认知方式与直觉的、艺术的或诗意的理解等现代概念进行对比,后者与科学的或逻辑的思维恰好相反。这种理解具有误导性。普罗提诺所说的认知方式,并非一种对科学和逻辑的替换甚至纠正。毋宁说它代表了科学和逻辑的目的。在他看来,推论式的思维对我们而言是一种朝向一个目的的手段,而非目的本身,这个目的就是完全的知识,它是对真理的拥有,我们必须通过这些麻烦的、易错的手段来实现这一目的,从而免受它们的影响。而这个真理便见于由神圣理智和作为其思维对象的理念所构成的统一体。

(张文明　译)

第四章

理智和太一

一、单一的优先性

纵观哲学和科学的发展史，我们可以发现这样一个观点：一切事物都是由部分构成的，而任何复合的事物，都依赖于或者以某种方式衍生自那些非复合的、简单的事物。这个观点被称为"单一优先原则"（Principle of Prior Simplicity）。这个原则如今仍然具备吸引力：它激励着科学家们努力从更早期、更简单的宇宙状态中重建元素的生成过程，而与之相似的一些解释性模型，比如从不那么复杂的事物中衍生出复杂的事物，我们也可以从例如生物学这样的学科中看到。

"单一优先原则"在普罗提诺的哲学思想中占据重要地位。他严格地运用这一原则，他对实在的全部观点都带有这一原则深深的印记，也因此他的观点与前辈们的观点区分开来了。随着他对构成世界的元素的探索，他像斯多亚学派一样论及了一种组织一切的精神力量。这种力量遵循这样的模型：它被一种从神圣理智那里得到的智慧所唤醒，而这种智慧便是神圣理智唯一的活动，即是它的思维。至此，普罗提诺的观点与一些柏拉图主义前辈们，尤其是阿尔基努斯的立场还是相近的。如果亚里士多德主义哲学家们拒绝把理念引入到神圣理智中，他们就像阿尔基努斯一样，把神圣理智视为世界所预设的终极本原。然而，对普罗提诺来说，神圣理智并非绝对的单一；在某些方面，尽管它具有高度的统一性，但它是复合的。因此，运用"单一优先原则"，普罗提诺得出的结论是，我们必须在神圣理智之外假设一个最终的原因，而它是绝对单一的，是"一"。在得出这个结论时，普罗提诺不仅将自己与柏拉图主义和亚里士多德主义的前辈们区分开来，他还相信自己的立场可以阐明柏拉图对话中一些关键但晦涩的段落。

"单一优先原则"对不同的哲学家可能有着不同的含义。我们的首要任务是考察普罗提诺以何种方式理解该原则以及他为何认为该原则有效。其次，后文第二节将讨论普罗提诺的这一说法，即神圣理智不是绝对的单一，因此，他通过对"单一优先原则"的应用，假设了一个在先原因的存在。鉴于普罗提诺一贯的主张，这一观点是非常令人吃惊的。在前文第三章，我们已经考察过普罗提诺的观点，即带有其思想对象的神圣理智是一，是一个统一体，而对于阿尔基努斯和亚里士多德主义哲学家们来说它是绝对单一体。

例如，普罗提诺在《九章集》V. 4 [7]. 1. 5–15 中明确阐述了"单一优先原则"：

> 在万物之前必然存在一种单一事物，它必然不同于在它之后产生的任何事物，它是自在的，不与它所产生的东西结合，但又能够以一种不同的方式呈现在它所产生的东西里面，它是真正的同一，而不是之后合一的别的东西……因为任何非本原的东西都需要在它之前产生它的东西，任何非单一的东西都需要单一的构成元素，这样它才能由之生成。

那些由诸多组成部分——成分或元素构成的事物是从这些东西中产生的，这一点似乎是显而易见的。然而，这一段引文表明普罗提诺的"单一优先原则"有更多含义。它包括（1）构成复合物的元素同样独立于这些复合物存在，并且有别于这些复合物，（2）这种对复合物的构成元素的分析最终会引向一个完全单一、独立于它所产生的一切的最初元素。

在《九章集》V. 6 [24]. 3–4 中，有对论点（1）更进一步的阐释。普罗提诺讨论到了"一"——终极单一：

> 即使它显现在其他事物中，也仍然是单一的，除非有人说它的存在依赖于与他物的同在性。若是那样，它就不是单一的，由许多部分构成的复合物也不会存在。不能保持单一的事物不会存在，而如果单一者不存在，那么复合物自然也不会存在。（V. 6. 3. 10–15）

普罗提诺指出了一个区别，即那些仅仅作为一个整体的组成部分而存在的元素（它们的存在有赖于它们作为部分在整体中的位置），和那些既作为由它们组成的整体的部分又独立于整体存在的元素有区别。与"单一优先原则"相关的是后面这一类元素。这种元素是一种双重存在，一方面作为部分在整体之中，另一方面在整体之外，在其自身之中。它既内在于复合物之中，又超越于复合物之外。这种二元身份在普罗提诺的世界观里非常普遍：灵魂既是世界的一部分又与之分离；理智既是灵魂的一部分又高于它；而理智的本性是它来自那个既构成它又先于它的"一"。这不是一个内在性排斥超越性的宇宙。普罗提诺并不会让我们面临一个两难的选择，即神究竟是世界的一部分还是与世界相分离的，对于他而言，神既在世界之中又与之分离。

接下来让我们来探讨普罗提诺版本的"单一优先原则"中的论点（2）。根据这一观点，如果将复合物分解为它的构成部分，最终引向的是一个单一的终极元素。这个终极元素是绝对单一的，并且它直接或间接地是一切复合物的前提。普罗提诺基本上把这一观点视作理所当然的，即使任何人都可以很轻易地假设：将复合物分解为它的构成部分引向的结果不是元素的数量逐渐减少，而是逐渐增加（复合物 A 由 x 个部分组成，每一个部分由 y 个元素组成，依此类推）。为了更好地理解普罗提诺的假设，有必要简单地了解一下普罗提诺的前辈们是如何理解"单一优先原则"的。

在某种意义上，前苏格拉底哲学家在寻找那个衍生出了多样化的世界的物质时，就已经暗含了这一原则。与普罗提诺观点相近的是亚里士多德的神的概念，它的绝对单一性（它不包含形式与质料、潜能与实现的二重性）构成了世界上所有变化所依赖的实现的完善性。与普罗提诺的观点更为相近的是亚里士多德在《形而上学》（例如 1.6）中提到的柏拉图的观点，即柏拉图主张理念（和"数"一样）来源于两个在先的元素，"一"（它显现为限制性的原则）和"不定的二"（在亚里士多德看来，它是被一限制的物质原则）。阿弗罗狄西亚的亚历山大在对亚里士多德的评注中告诉我们：

> 柏拉图和毕达哥拉斯学派认为数是存在的原因，因为他们把最初的、非复合的事物当作本原。平面先于立体，平面在其组成的立体中更简单、独立；线先于平面；点先于线，且点是完全非复合的，没有任何事物先于它。[1]

---

[1] Alexander of Aphrodisias, *On Aristotle's Metaphysics*, ed. M. Hayduck (Berlin, 1891), 55. 20–6，转引自 W. Dooley (London, 1989) 的译文第 84 页。

第四章　理智和太一　061

从这一文段中可以看出，柏拉图将实在的生成视作一种数学性的序列，即点是线的组成元素，由它产生线，同样地，线是面的组成元素，由它产生面，最后由面产生立体（见下图）。通过这种方式，所有的实在都来自两个终极元素："一"和"不定的二"。

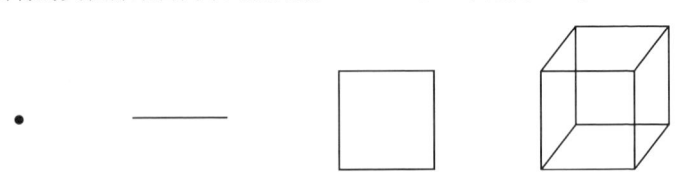

在这些以及其他亚里士多德对于柏拉图的叙述中，有很多表达是（并且将继续是）模糊的："一"和"不定的二"的确切含义是什么呢？它们到底是如何产生理念的？一些现代学者认为亚里士多德的这类文本只不过是对柏拉图对话中某些段落的严重误解。另一些学者认为这些报告可以追溯到柏拉图在学园的小圈子里口头传授的知识。无论如何，普罗提诺认可亚里士多德的复述是真实的，并且毫不犹豫地引述他的话，例如在 V. 4 [7]. 2. 8–9 中。

普罗提诺并不是第一个被亚里士多德复述的柏拉图的观点所影响的人。阿尔基努斯曾这样描述"第一因"："最高的神没有部分，因为没有任何东西先于它，因为部分或复合物的构成物质是先于它作为其部分的复合物的。因为面先于立体，线先于面。"（《柏拉图教义旨归》10）诸如此类的文本表明了普罗提诺如何被引向将"单一优先原则"接受为真正的柏拉图思想——当然是被他人转述的版本。而这种"单一优先原则"，尤其是在它对数学序列的应用中，使多样化的世界必然还原为数量越来越少的元素。

但这个观点或许会在这一点上遭到反驳：即便复杂的数学实体

（例如平面）确实可以从单一的元素（点）中衍生出来——就像大的数字可以从最初的单位"一"中衍生出来一样，但在数学领域之外，在涉及其他类型的事物时，情况可能并非如此。

在多之前，需要有一个一，从它那里产生多。就像数字领域中，一是最先的。但是对于数字领域，人们可以这样说，毕竟［一］后面的数由一构成。但是为什么存在也如此，诸存在中必须有个一，所有存在都来自于它？［如果没有这样的一］那么多就会是分散的，彼此分离，各自从不同的地方偶然地来到复合物中。（V. 3 [49]. 12.9–14）

普罗提诺主张实在中的各式各样的复合物（植物、动物、世界、灵魂、理智）并不是在先的元素的任意混合体：它们是有组织的、统一的结构。这些构成它们的元素必须给予它们统一性（例如，灵魂构成并统一这个世界）。并且这一系列统一的元素的尽头必须是一个单一的终极元素，它是一切其他元素统一的源头。这一观点在《九章集》VI. 9 [9] 的一开篇阐释得更加详细，普罗提诺在这里运用了斯多亚学派的观点，即世界上的复合物（房屋、植物、动物等）体现了不同程度上的统一性。每一个复合物都是一种统一体这一事实被理解为指出了一个统一性的源头，即如果它是一个自身统一的复合物，则它自身预设了一个关于统一性的更深的源头。这个追溯源头的序列只能以一个统一性的来源结束，它是绝对非复合性的，并且是万物统一性的唯一来源。

普罗提诺使用的"单一优先原则"最后还包含第三个论点，这个论点标识了普罗提诺对该原则的运用与现代版本的不同之处：对于普罗提诺而言，先于复合物的元素同时也在力量和存在上优于复合物。它在力量上优于复合物是因为复合物由它产生，在存在上优于复合物是因为它处在完善性的更高等级中：它拥有更高程度的统一性、自我的完整性和独立性。所以，灵魂优于身体，理智优于灵魂。并且，"一"作为绝对的简单物是理智的前提，所以它必然优于理智。

二、作为复合物的神圣理智

在寻找实在的终极本源时，需要超越神圣理智，这是源于适用于神圣理智是复合物这一主张的"单一优先原则"。这一主张是至关重要的。由此普罗提诺将自己与柏拉图主义者和亚里士多德主义者区别开了，他们都主张神圣理智和它的思考对象是完全单一的，因而是最初的元素。普罗提诺的立场并不因为他在其他文本中坚持理智和它的对象构成统一体而变得简单。

例如在《九章集》V. 4和V. 6中，我们可以找到对"神圣理智是复合的"这一观点的论证。其中，V. 4. 2中提出了神圣理智的两种复合方法：（1）神圣理智是思考这一行为及其对象的复合物，思考这一行为(noesis)和定义了该行为的对象(noeton)构成了理智(nous)；（2）对象本身就是多样的。

1. 如果要理解第一条，我们必须简单地回想一下亚里士多德在《论灵魂》3. 4–6中对思考过程的分析，因为这一分析是普罗提诺讨论的起点。根据亚里士多德的观点，一种特定的潜能——思考的潜能，是通过被某些形式（我们可以称之为概念）所明确或是通过接受某些形式而走向实现的，这些形式即思考的潜能的实现。潜能和它所接受的形式一样是非物质性的，并且在一起的时候它们变为"一"。这一点可以帮助我们理解亚里士多德的神圣理智在它思考自身的时候如何与它所思考的对象合而为一，亦即绝对单一的。

然而，普罗提诺在《九章集》V. 6. 1–2 中表明，亚里士多德主义者对思考的分析恰恰意味着：所有的思考，包括自我思考，都必然包含了一种思考本身和思考对象的二元性。这是因为，理智的构成依赖思维对象的在先存在，以便让思考这一潜能的实现成为可能。因此，思想的对象同时在理智中作为一个构成要素存在，并且在此之前作为一个与思想实现相关的事物存在。如果理智思考它自身，它既是单一的，正如它思考它自己，也是二元的，正如思考其他什么东西。所有思考，包括自我思考，都是由思考行为和思考对象的二元性构成的，而且这个对象，作为思考的构成部分，必须同时先于思考本身又在思考之中。在普罗提诺看来，亚里士多德对于思考的分析引向了这样一个结论，即亚里士多德式的神，在其思考自我的时候，并不能做到它所声称的那样是绝对单一和终极的。

普罗提诺在《九章集》V. 6 稍后一些的部分里提出了一些不那么技术化的论证。他将思考放在了一个更大的语境之中："这就是思考。所谓思考，就是因渴望至善而趋向至善的一种运动。欲望产生思考，并让它自身存在。视觉的欲望就是看。"（V. 6. 5. 8–10）思考本质上是一种指向某种它自己所缺失的东西的活动。思考意味着缺失：它朝向一种绝对的自足，因而它自己本身不可能是绝对自足的——"再者，知识就是对所缺失事物的一种渴望，就像发现源于探求者"（V. 3 [49]. 10. 49–50）。

2. 神圣理智证明自己复合性的另一种方式，在于其思考对象的多元性。普罗提诺自然相信神圣理智思考着理念并且理念是多样的。柏拉图主义者认为神圣理智在思考理念时不可能是绝对单一的，对此，理念之间的不同或许是一个充分的理由。然而这样一种论证不能说服亚里士多德主义者，况且，在某种程度上亚里士多德主义者是普罗提诺心目中的对手，而普罗提诺正是希望向他们说明神圣理智并不是单一的这一点。

《九章集》V. 3 [49]. 10 中的一些思考或许更能说服亚里士多德主义者。在这里，普罗提诺提出了这样一个观点：所有的思考意味着被思考的事物中包含多样性和差异性。在以下文字中可以看到对这个观点的说明：

如果［理智］把自己的注意力集中在一个没有部分的单一对象上，它就会毫无思想或语言。它能对它说些什么，或者理解些什么呢？如果绝对单一的事物必须谈论自己，那么首先它必然说它不是什么，这样一来，它要成为一的话，也必须成为多。然后，当它说"我是这个"时，如果它所说的"这个"指的是不同于它自身的事物，那它就是在说谎；如果它指的是它自身的某种偶性，那它就是在说它是多，否则就无异于说"是是"或"我我"。如果它只是二并说"我和这个"，又会怎样？那么它必然已经是多了，并且实际上与各种事物一样——有了不同的事物，就会有数和其他更多特质。因而，思考者所理解的必然是各种不相同的事物，而在被思考中的思考的对象也必然包含多；否则就不可能有关于它的思考，最多只是一种接触，可以说

是一种不可言喻的、不可理解的接触。（V. 3. 10. 31–43）

就像如果话语里没有差异性和多样性，就不会存在真正的言辞一样，思想只有当它的对象是已分化的、不同的、多样的，才有存在的可能。

所以，结论就是神圣理智作为一种理智，必然同时具有（思考和思考对象的）二元性和（作为思考对象的）多样性。在两种情况中，理智都是复合的。对于本原——被"单一优先原则"所要求的那个原因的探究，必须超越理智去考察，这预设了一个绝对单一的实在，它既构成理智，同时有别于理智，且独立于理智。

这一结论的构建是清晰有力的，因而它对亚里士多德的形而上学提出了重大的挑战。普罗提诺同时也削弱了像努麦尼乌斯和阿尔基努斯这些把本原定义为神圣理智的柏拉图主义前辈们的影响。他们的立场在另一个角度上也受到了质疑。与同时代的亚里士多德主义者一样，这些柏拉图主义者并不认为神圣理智是唯一的终极原因或第一因：实在是由一系列第一因、神圣理智、宇宙灵魂，以及物质组成的。在普罗提诺看来，如果要严格遵守"单一优先原则"，那么结论就必须是有且仅有一个本原，一个单一的万物来源。

这一结论的深远影响将会在后文第六章和第七章中验证。我们必须在这里注意普罗提诺的激进一元论，即他主张所有的实在都来源于一个单一的原因，这一点似乎已被公元前1世纪到公元1世纪的一些柏拉图主义者和毕达哥拉斯学派的哲学家所预见。这些哲学家在使用那些被亚里士多德和亚里士多德主义的注释家归于柏拉图的概念时，似乎提到了"二"来自"一"，然而亚里士多德主义者对柏拉图的总结给人们这样的印象，对于柏拉图而言，"一"和"二"分别作为两个第一因。我们对这些哲学家的主张所知甚少，因而很难寻找到线索看清普罗提诺是依靠怎样严格的思考过程得出他的结论的。

普罗提诺发现他的立场与柏拉图对于实在的本原的稀少又神秘的说明相符合。在《理想国》（509b）中，柏拉图写到了"善的理念"是"在力量和尊严上都高于存在的"，而且是知识和理念存在的源头。普罗提诺试图去解释这一段文本。"善的理念"就是这个终极的单一物——"一"。它不同于并且先于理智与作为"真实存在"的理念的统一体，在这个意义上，它"超越存在"。（普罗提诺的解释淡化了柏拉图将善视为一个理念这一事实。）并且，善是理念和知识的源头是在它是神圣理智和其对象（即理念）的组成要素这个意义上成立的。此外，这一终极本原与亚里士多德陈述的柏拉图的"一"是相一致的。最后，普罗提诺所定义的这个终极本原与柏拉图在《巴门尼德》（137c–142a）的第二部分中探讨的"一"是相符合的。普罗提诺把《巴门尼德》的这一部分解读为一个形而上学主张的提出（而不是作为我们今天通常在这一文本中看到的晦涩的逻辑训练），被前面提到的主张一元论的一些哲学家所预见。然而，在他看来，这一解释符合一个已经完善发展与论证的终极原因理论。

普罗提诺的推论带来了新的难题。在下一章中，我们将要探讨其中之一：如果"一"是"超越存在"并且超越理智的，那我们怎么可能思考并且谈论它呢？另一个更深入的难题是，亚里士多德所展示的柏拉图观点指出在"一"之外还有一个本原，即"不定的二"：这一点是如何与普罗提诺关于"事物只有一个终极源头"的确信相调和的？这一点我们将在第六章里进行考察，这涉及多种多样的实体从一个绝对单一的事物中衍生出来的方式问题。

（张一帆　译）

第五章

谈论太一

一、太一的不可言说性（《九章集》VI. 9 [9]. 3）

普罗提诺提供了一种论证，它设定了一个万物的终极原因，一个绝对单一的实在，区别并高于神圣理智，这一论证得出了这样一种结论，即这个原因本身必须高于知识和话语的领域：太一是不可知且不可言说的。在这一章，我们将探讨太一的不可言说性，特别是关于这样一个悖论，即太一纵然不可言说却还是被谈论。在下一章中，我们将讨论太一的不可知性，这与神圣理智的出现有关，后者是对不可知者的知识。

最高原因或神是不可知且不可言说的，这种观点在普罗提诺的时代已经十分常见了。柏拉图主义者可以就此引用柏拉图作品中的许多段落。在《蒂迈欧》（28c）中，柏拉图说世界的神圣工匠或德穆格是难以发现的，也不可能传达给所有人。在《理想国》（509b）中，善的理念被认为是"超越存在"的，而存在则是可以认知的。[①]《巴门尼德》（142c）声称"一"是没有名称的。而《第七封书信》(*Seventh Letter*, 其真实性在当时并未受到质疑) 则声称柏拉图的研究对象是不可言说的 (341c)。这些文本都促使阿尔基努斯（《柏拉图教义旨归》10) 等柏拉图主义者否认可以对终极原因作出任何言说：它就是不可言说的。然而，与此同时，他们又毫不犹豫地将各种特性都归于第一因，如说它是一种理智。

这表明"第一因不可言说"的主张存在一些混乱之处。它是否仅仅在因难以知晓和描述而不能直接获得这个意义上不可言说？又

---

① 不过，将善称为一个理念时，柏拉图似乎将善视为一种知识的对象。

或者情况是这样的，第一因本身就是根本不能被知晓或言说的东西？普罗提诺的前辈们似乎并没有在这个难题上给出一个明确的立场。这并不让人感到惊讶，因为他们对回答第一因的形而上学问题本身都是不清楚的：它是一个神圣理智吗？如果是，它又怎么可能"超越存在"，正如柏拉图在《理想国》中所表明的那样？"超越存在"又是什么意思？

普罗提诺则相当清楚地指出，太一在它不能作为知识和话语对象的意义上，是不可知且不可言说的。这是太一作为神圣理智所预设的绝对单一要素的地位所导致的。因此，太一必须先于（或"高于"）一切确定性的存在：

> 因为理智是存在者之一，而它［太一］不是某种事物，它在任何事物之前，它也不是一种存在，因为存在就具有存在的某种形状，而它没有形状，甚至没有可理知的形状。既然太一的本性就是产生万物，那它就不是万物中的一个。它也不是某物，不是一种质量或数量，也不是理智或灵魂。它不在运动或静止之中。它不在空间或时间中，而是"自存自在的单一形式的自身"［《会饮》211b］，更确切地说，它是没有形式的，它先于一切形式，先于运动和静止，因为所有这些特性都只适用于存在者，并使存在者成为多。（VI. 9. 3. 36–45）

因此，太一并不是一个"事物"，即不是具有理念，具有确定或限定特征的某物。在这个意义上，它是无限定的。然而，知识只能以具有确定性和复多性的事物为对象（参见前文第四章第二节）。

先于理智和存在的太一，不具有确定性和复多性。因此，它不可被认知。普罗提诺认为（参见 I. 2. 3. 27–31），话语是思想的一种表达，因此完全不可知的东西也完全不可被言说。

在后面的文本 VI. 8 [39]. 8 中，普罗提诺提供了一个更深刻的理由，以佐证太一的不可言说性。在讨论"自由"或"必然"是否可以归因于太一时，普罗提诺指出，"自由"这种表达指向一种复杂的情况，即一个事物与另一个事物的关系。这涉及我们熟知的复多性的实在，而不是先于这一实在的别的东西。我们可以将这一点概括为，我们的语言与我们生活于其中的流变世界相关，并且它并不适用于这个世界预设的或这个世界之外的东西。

二、言说太一（《九章集》VI. 9. 3–4, V. 3 [49]. 14）

因此，普罗提诺得出了一个关于第一因不可言说的立场，他的立场比他前辈们的要清晰得多。他也敏锐地意识到了他所处的困境。太一的不可言说性是在这样一个语境下被确立的，即我们围绕着太一言说了太多。这种讨论不是自相矛盾吗？我们怎么能够言说不可言说的事物？普罗提诺将这一困境总结如下：

> 那么我们自己怎样谈论它呢？我们确实在说着什么关于它的事，但我们肯定又没有言说它，我们对它既没有知识也没有思想。但是，如果我们对它毫无知识，又如何谈论关于它的事呢？或者说，如果我们不通过知识的途径掌握它，我们根本就不拥有它？事实上，我

们在这样一种意义上拥有它：我们谈论关于它的事，但又没有言说它本身。（V. 3. 14. 1–6）

那么，根据普罗提诺的说法，我们不能言说太一，因为它是不可言说的，但是我们可以在某种意义上言说"关于"它的事。但这怎么可能呢？

我们可以在VI. 9的第3节找到答案，普罗提诺在这里清晰地阐述了太一的不可言说性：

说它［太一］是原因，不是在说它的一个属性，而是在说我们的一个属性，因为我们从太一那里获得了某物，然而［它］始终存在于自身之中。当然，要准确地谈论，我们就不应说"它"或"存在"，我们在它外围兜圈，试图表达我们对它的体验，有时离它近了，有时又因为围绕它的难题而离它远了。（VI. 9. 3. 49–55）

当我们谈论"关于"太一的事，说它是原因时，我们事实上是在言说我们自己，说我们在因果关系上由其决定，表达我们在这种受决定的状态下的经历。当我们谈论关于太一的事，我们是在谈论自己。以这样的方式，即便我们言说了关于太一的事，它仍然保持了自身的不可言说性。

我们所言说的关于太一的事如何能够解释为实际上指向被太一决定的东西呢？对此，我们可以在VI. 9的第5节和第6节中找到例证。如果我们的言谈是为了描述，那么将第一因称为"太一"是不贴切的。（5. 30–46）"一"主要指几何中的点或算术单元之类的东

第五章　谈论太一

西。我们在寻求将灵魂与思想趋向更高的统一性时，也是在改造这些概念，从而构造出一个克服了我们向复多性的分散的概念。相似地，太一不能被描述为它在自身之中作为善存在。善是具有相对性的：它涉及某事物在某方面（对它而言是善的东西）的匮乏。进一步的结论就是，完全自足且不欲求任何他物的绝对第一因，自身不是善。当我们说到善时，我们是在表明自己的需求，我们自己对可能在终极意义上满足自身的东西缺乏自足。（6.34–42）

普罗提诺认为我们在言谈太一时并不是在言说它，而是在言说我们自身的本质和经验。在 V. 3. 14 中，普罗提诺突破性地提出了这一观点：

> 我们在这样一种意义上拥有它：我们谈论关于它的事，又没有言说它。我们说它不是什么，而没有说它是什么。如此一来，我们是从［在它］之后的事物来谈论它的。虽然我们不能谈论它，但这并不阻碍我们拥有它。正如那些受神灵启示和处于入神［像神一样的］状态的人，如果他们设法知道他们心里拥有某种更伟大的事物，即使他们不知道那究竟是什么，但从他们被感动的方式，从他们谈论的事物中，他们获得对感动自身的事物的感知，尽管这不同于它，以这样的方式，我们似乎得以谈论它［太一］。（V. 3. 14. 5–14）

我们在自身和周遭的事物中所体验到的决定性，就是太一在我们身上和在这个世界上的显现，而当我们言谈太一时，谈论的正是这些。

三、已解决的两难？

我们在上文探讨过的这些观点表明，普罗提诺成功地避免了自相矛盾——在主张太一的不可言说性的同时肯定太一的诸多特性。他的观点很明确，即我们在谈论太一时，我们要以一种保持其不可言说性的方式来谈论。他也解释了如何能够做到这一点，他表明谈论太一就是谈论关于它的事，即谈论我们自身以及世界的其他方面（这些东西都可以被言说），指明它们对先于或高于它们的事物的依赖、匮乏和需要。

即便这个方法确实成功地维持了太一的不可言说性，人们也可能会想，为了达到这一目的是否付出了过高的代价？在谈论太一时，如果我们实际上是在谈论那些在它之后的事物，那么我们在何种意义上仍然真正在谈论太一？如果说太一是善时，我实际上是在说我在某方面的匮乏，那么我难道不是仍然在说我自己？我又如何能够在谈论我自己和以谈论我自己的方式谈论太一这二者之间做出区分？难道对不可言说原则的忠诚不会促使我们放弃任何一种对太一的言谈吗？

我们似乎有理由期待普罗提诺能够把谈论事物和将谈论事物作为谈论太一的一种方式这二者区分开来。否则他就要面对一种混乱，特别是会失去太一与它所产生的事物之间的区分性。诚然，太一作为建立实在的原理，它的重要性在于它显现在它所建构的事物的每一处。的确，普罗提诺的论述在很大程度上引导我们发现太一并与之结合（参见后文第十章）。然而，我们似乎仍很有必要就谈论事物和谈论太一做出区分。

有这么一种处理这个难题的方法，它包含以下几个步骤。我们可以争辩，我们以谈论事物的方式来谈论太一，是一种对太一的具体谈论，因为这样突出了事物中的依赖、匮乏和需要。以这种方式讨论时，我们所说的是我们和我们周遭的事物都不是终极的和自足的。借用普罗提诺入神之人的形象，我们可以说，我们对超越我们的东西的依赖正是这种东西在我们身上的呈现，而当我们在谈论太一时，谈论的正是这种呈现。这足以让我们区分出谈论事物和以谈论事物的方式谈论太一这两者。

可能会有人补充说，这样的谈论要发生在一个特殊的语境中，例如在普罗提诺写的这些论文的用语中，这些话语用来引导那些想要理解世界并达到至善的读者。普罗提诺关于太一的话语并不是无端的思维游戏，它们的目的是引导读者洞察世界、人性和人类的起源。在这种情况下，读者远没有到达他们哲学之旅的终点，即对太一的直接把握。更确切地说，读者尚处于旅途的开端，他们正走向一个初级概念，即最熟悉的事物的非终极性。在这一旅途的较高级阶段，在获得了更高级的知识之后，话语——作为对知识的表达和交流——就不再是必要的了。话语让位给静默，这种静默是在神圣理智之中对真理的把握，是为与太一相结合所做的准备。如此说来，所有的言谈，包括对太一的谈论，都是在灵魂尚未获得能引导它们与太一结合的知识之前服务于它们的。因此，这样的说法是恰当的，即关于太一的言谈指的是那些最先为我们熟知的事物，只要它们所指向的超出它们自身。

（李博涵　译）

第六章

万物从太一中的派生（I）

一、派生的问题

对世界的分析开始于灵魂是组织事物的力量这一发现，进而可得出这一结论，即灵魂预设了一个作为智慧源泉的神圣理智以引导自身。在亚里士多德主义者和一些柏拉图主义者看来，这个神圣理智是终极的，而普罗提诺所提供的神圣理智还预设了构成它的一个更深层的原则，即太一。如果我们遵循这种推理，引导我们从世界"上升"到其第一因，那么我们也可以采用一种指向相反方向的研究方法，引导我们从太一"下降"到由它产生的世界。沿着第二条路径，在本章以及下一章中，我们得以从新的角度审视事物，并就太一与理智之间的联系、理智与灵魂之间的联系，多种灵魂之间以及它们与世界之间的关系，在已有观点的基础上增添一些新的说法。

在本章中，太一构成事物的过程将被称为"派生"（derivation）。"派生"一词，从字面上理解与水的流动相关。就普罗提诺相关文本中经常使用的另一个术语"流溢"（emanation）来说，这种关联性更强一些。普罗提诺本人使用水或光从某一源头的"流溢"（流动）的图像来描述事物从太一中产生。然而，他很清楚地意识到，流溢是一个物质的过程，不能被合理地归因于非物质的实体：流溢可能是在更高层次上发生的过程的影像，它不是这些过程本身。（参见III. 4 [15]. 3. 25–7）为了避免因使用"流溢"一词而带来的误导性含义，我将使用不那么具体的术语"派生"。人们也会说事物是太一的"创造"或"制造"。然而，"创造"可能会让人想起基督教的思想，但这些思想与普罗提诺并无关系，而"制造"（这是一个与手工制作相关的术语）也涉及其他问题（将在后文第七章中谈到）。真正重要的是这些术语所指明的过程：太一产生事物的过程究竟具体涉及什么？

在多个段落中，普罗提诺将派生称为哲学的主要传统问题之一：

> 但是，[灵魂]希望[解决]这个甚至也被古代哲人反复讨论的问题，即从太一那儿——如果它就像我们描述的那样，其他事物——无论是"多"或"二"或"数"，如何获得了存在；以及[为什么]它不止于独自存在，而是流溢出这样巨大的"多"——这种"多"可见于诸存在。（V. 1 [10]. 6. 3–8）

普罗提诺在这里想到的是第一批希腊哲学家，在亚里士多德看来，他们试图使用一个原初物质来阐述世界的复杂性。普罗提诺还想到了柏拉图，根据亚里士多德的说法，柏拉图从"一"和"不定的二"这两个终极原理推导出理念和世界（参见前文第四章第一节）。然而，普罗提诺将亚里士多德对柏拉图思想的转述理解为，对柏拉图而言，所有事物（包括"二"）都源于"一"。那么，我们就需要去追问，为什么普罗提诺认为所有事物都必须来自一个单一的来源（而不是来自两个或两个以上的原因），还要考虑他在上面提出的关于它们如何来自这个来源的问题。而这两个问题都预设了普罗提诺断言事物"来自"太一时所表达的含义的解释。

在上面引用的段落中，普罗提诺说事物是被"构成的"，或者（如果我们按字面翻译的话），是从太一中"获得了存在"。为了解释这意味着什么，我们也许要回到单一优先原则（参见前文第四章）。这个原则假定构成混合物的元素同时作为自身而存在。因此，混合物的存在取决于这些元素。如果一个混合物具有其固有存在，那么它仅在其组成元素存在并聚集在一起以产生它的情况下才具有这种存在。从这个意义上讲，这个混合物源自它的元素，或者说是从它的元素中获得了自身的存在。在普罗提诺所采用的单一优先原则的版本中，元素及其衍生混合物的链条终止于一个终极的构成元素，即太一（参见前文第四章第一节）。因此，归根结底，必须存在一个单一的构成性元素，其他所有的要素都直接地或间接地从它那里获得自身的存在。

单一优先原则使我们能够以这样的方式解释普罗提诺所持的一切事物都来自太一的主张，使我们不必借用流溢或（手工性的）制造这些有潜在误导性的影像就能做到。我们也可以去谈论为什么对他而言一切事物都必须来自一个单一的来源。

二、理智的派生（《九章集》V. 4 [7], V. 1 [10]. 6–7）

普罗提诺没有考虑存在两个或两个以上因素且其相互作用可以解释世界的出现的情况，而是坚持认为所有事物都来自一个最终的构成性原则，这使问题变得十分棘手。多样化的实在如何从一个非复合的元素中衍生出来呢？如果普罗提诺坚持自己的单一优先原则以及它需要的所有必要条件，那么他必须表明这是如何可能的？普罗提诺面临的另一个问题是，任何事物都必须从太一中派生，还不涉及太一的任何形式的变化，因为这种变化意味着太一作为第一因所要求的完全单一性的终结。亚里士多德以前发现自己处于类似的境地，因为他的神圣理智需要在自身不移动或不变化的情况下推动他物。

由于太一被假定为神圣理智所预设的最终原则，因此，神圣理智从太一之中的派生，代表了事物从太一之中获得存在的第一阶段。那么，这个第一阶段是如何发生的？

我们应当注意到，我们的问题涉及太一以及它与理智之间的关系。因此，我们寻求的答案所涉及的东西本身就是不可知且不可言说的。我们应该期待什么样的答案？借助前文（第五章）探讨过的概念，我们可能会认为答案将会涉及我们更熟悉的派生过程的例子，这些例子可能有助于减轻我们在理解理智如何来自太一这一问题时遇到的困难。

普罗提诺在 V. 4. 1 中给出了一个关于活物的生产力的例子。当活物成熟时，即实现其本质的完善性时，它们通常会繁殖。（1. 25–30）这是亚里士多德生物学的一个重要主题，在普罗提诺看来，这一原理的适用范围不仅向下延伸至无机物（参见下一段），还向上延伸至神圣的事物，因为就像柏拉图所说的（《蒂迈欧》29e），神是公正的：它是慷慨的，并给予自身。那么，当事物达到成熟或完善时，它们就会以某种方式繁殖或给予自身，这似乎是普遍正确的。既然太一代表了最高的完善性，那么我们怎么能说完善性的生产力并不出现在太一身上，坚称它自身保持自私的孤立状态，不给出它自身的任何东西？因此，普罗提诺认为，更多的我们熟悉的生产力的例子，使得太一赋予事物存在这件事成为可信的，但他并没有说明这是如何发生的。

普罗提诺更进一步，观察了具有生产力的事物的一般模式。火给予热量（V. 4. 2. 27–33），太阳散发光芒，雪释放寒气（V. 1. 6. 28–35），这些都是一个更广泛模式的实例：每种物质（例如火）都有一个固有的主要（或内部）活动，并产生一个外在于或不同于主要活动的次要活动（例如热）。即使严格来说太一并不是一个事物或一种物质（参见前文第五章第一节），这一点也是清楚的，在较低级事物中发现的主要活动和次要活动的结构似乎也适用于太一。并且太一所是的绝对单一活动也会产生一个不同于它的次要活动。

太一的这个次要活动是什么？普罗提诺认为它等同于亚里士多德对柏拉图思想的转述中提及的不定的二，但他将其解释为不确定的潜能，而在亚里士多德的思维理论中，这个潜能由思想的对象决定或实现。那个规定了不确定的潜能并赋予其理智的思想的对象就是太一。然而，太一不是可思考的事物，因为它既没有确定性，也没有复多性（参见前文第五章第一节）。而二作为太一的次要活动则必须"转向"太一，并将它看作是可思考的，能给予确定性和复多性的。这个结果就是自我思考，即神圣理智。神圣理智是对不可知的一种认知：它将认识太一视作认识自己，它是对处于不确定的潜能中的太一的确定的和多样的表达，以此来思考太一的次要活动。

普罗提诺关于理智从太一中的派生的解释十分令人费解，它牵涉了许多问题，包括以下提及的这些：

1. 太一的次要活动如何从太一中出现？火与热、太阳与光的例子都暗示着流溢的过程，但作为物理过程的流溢与太一无关。概括来说，普罗提诺没有充分表明双重活动的结构（主要／次要，内部／外部）适用于像火这样的事物的有限领域之外的实在，也没有表明它以何种方式适用于这种实在。

2. 太一的次要活动要怎样"转向"太一？这个"转向"又是什么？下层实体转向并思考上层实体以便受其激发，这种思想在亚里士多德解释神圣理智如何在自身不动的情况下驱动他物这个问题时已经出现：它这么做，是作为一个激发了天体的模仿的思想和爱的对象（《形而上学》12.7）。阿尔基努斯采用了这种解决方案（《柏拉图教义旨归》10, 14）：他的第一神，一个神圣理智，通过激发一个低位的神转向、沉思并模仿它来行动。普罗提诺清楚地看到了这种解决方法的优势：它允许太一负责过程而无须对自身做任何改变。但是，说太一的次要活动"转向"太一，这到底是什么意思？

3. 在转向太一时，太一的次要活动使太一变为可思考的，即确定的和多样的，这是怎么实现的？亚里士多德和阿尔基努斯的至上神是可以思考的（作为理智），但普罗提诺的太一则不是。普罗提诺的思想似乎是毕达哥拉斯式的，这种思想在柏拉图（《斐勒布》[*Philebus*] 16c–17a, 23cd）和亚里士多德（《形而上学》1.5）那里也能找到，它是一种限定的原则，限定或阐明不确定的事物。但是，没有形式或确定性的太一如何作为一种确定性的原则？

对于这些问题，普罗提诺本人已经探究了其中的一些（例如在VI. 7 [38]. 15–17 中），我认为我们在研究时应当牢记附加在对神圣理智从太一之中派生这一问题的所有解释之上的限定。至多，我们可以提出观察到的事物的生产力的普遍模式，以及可以概括出来的派生结构，以表明太一不大可能必须保持不生产他物的特质（无论如何，它被世界存在的事实所否定）。相反，太一的完善性意味着它具有生产力。那么，以一种奇怪的方式，最简单的实在必须是最具力量的，因为它赋予一切事物以存在。因为作为第一因，它不受任何先于它的因素所限制，它的力量甚至可以说是无限大的。至于对一切事物到底是如何从太一那里而来的问题，我们必须再次参考较低级事物的派生模式，特别是涉及最相关的例子——思想的构成——派生的第一阶段。

最后应该指出的是，神圣理智从太一中的派生必须发生在时间之外，因为时间是由灵魂产生的，而灵魂由理智产生（参见后文第七章第三节）。理智的派生并不存在开始和结束。它并不发生在一个特定的时刻。如果我们将其看作是在时间和空间的框架下发生的——在某一时刻发生，如那些标志着较低派生或生产的时刻，那么，说太一派生出神圣理智就是一种误读。神圣理智是一种永恒的存在，超越时间性，它是太一的一种表达。

三、灵魂的派生（《九章集》V. 1. 7, V. 2. 1）

太一是神圣理智所预设的元素，神圣理智从太一之中获得存在，或者说神圣理智来自太一，同样地，理智是灵魂所预设的元素（参见前文第三章），它构成了灵魂，或者说灵魂从它身上获得了存在。事实上，灵魂来自理智这一过程是理智来自太一的过程的复演，正如普罗提诺在 V. 2. 1. 14–18 中所表明的那样：

现在，［理智］就如同［太一］一样，产生相类似的效果，倾泻出强大的力量——这是它的一种形式——就像一个先于它的事物倾泻出它一样。而这种来自存在的活动是属于灵魂的，这生成了灵魂，与此同时，［理智］保持［不变］，因为理智也是在太一保持不变的情况下产生的。

因此，我们可以解释理智是如何构成灵魂的，其方法与我们对太一如何构成理智的解释大致相同：理智作为完善存在是具备生产力的；它拥有一个主要活动（内部活动），并伴随着一个通过"转向"理智而被它定义的次要活动（比较 V. 1. 7. 36–46）。也就是说，灵魂是理智的一种表达，是神圣理智这一"太一的完全统一的确定性的表达"在进一步分散程度上的一种投射。

然而，仅就灵魂作为理智的产物的出现来理解灵魂的本质还有一些困难。特别是，这种出现似乎无法充分揭示某些灵魂的固有特征。例如，普罗提诺说：

> 更理性的灵魂的工作是思维，但又不仅仅是思维。不然，它如何区别于理智呢？毕竟添加一些别的东西在其理智的［功能］后，它就不能保持为理智。并且和其他可理知的世界的成员一样，它也有其［特有的］工作。凝视先于它的存在时，它思考它；［凝视］它自身时，它便安排那些在它之后产生的事物，组织并管理它们。一切事物都不可能在可理知的世界保持一成不变。（IV. 8 [6]. 3. 21–8）

如前文第一章所述，灵魂的特质是组织次于它的事物，即物质世界。普罗提诺还发现灵魂具有不可分割地呈现于整个身体的能力。（IV. 2 [4]. 1. 43–6；IV. 1 [21]. 8–9；前文第二章）灵魂的这两个特征——组织身体以及呈现于身体中——根据它与物质世界的关系界定了它的本质。但是，如果我们严格遵循一切事物从太一开始，一个阶段接着一个阶段逐步派生的顺序，那么灵魂从理智中出现的阶段就先于（不是时间意义上的，而是按照事物被构成的顺序）物质世界从灵魂中派生的阶段。那么，身体又怎么能用来界定先于它被构成的东西呢？

在普罗提诺的辩护中可以争论的是，使用身体来界定先于它而存在的事物——即灵魂——是可行的，因为身体本身是灵魂力量和潜能的表达。（参见 IV. 8. 3. 24–8）然而，有一点是很重要的，那就是要避免将这一方法与另一个更传统的柏拉图主义观点混淆：前者将灵魂视为从太一派生出事物的一个阶段，而后者认为可以通过在预先建立的两个世界（物质世界和非物质世界）的框架内分配一个位置来界定灵魂。这两种方法在某种意义上是不可兼容的，因为如果预先建立的两个世界的系统，以两个世界彼此独立并先于灵魂而存在为前提，那么这个系统就不能与万物从太一之中派生的理论兼容。

如果我们简单地审视一下灵魂之间或灵魂类型之间的区别问题，就会出现一种类似的情况。普罗提诺把灵魂看作理智的产物，它既是一个灵魂又是多个灵魂。但是，这些灵魂之间又有什么区别？他对灵魂进行区分，这包括作为可知实在的灵魂、统治世界的灵魂（世界灵魂），以及呈现于个体身体内部的灵魂。很明显，区别这些灵魂的是，它们与同一个身体之间以及它们与不同的身体（世界的身体，个人的身体）之间的联系。灵魂、世界灵魂，以及个体灵魂之间的区别可以在与身体的关系中获得最好的说明：身体是造成灵魂之间差异的原因。然而，普罗提诺拒绝了这种观点（参见 IV. 3 [27]. 2）：

他声称灵魂彼此不同，它们独立于并优先于在身体内的呈现，这种呈现是它们作为神圣理智的一种表达的构成的一部分；因为理智是一与多，思想及其对象的统一，并且这个对象也是理念的多样性（它们自身是理智），所以，理智的直接表达，即灵魂，是一种相应灵魂的统一性和多样性。

对这一主题进行细致而开放地审视[①]后发现，与普罗提诺的灵魂理论相关的问题并不容易解决。我认为，至少有一个难题的根源是普罗提诺的思想中存在着两种不同的世界观：一种是他从他的柏拉图主义前辈那里继承而来的观点，即实在是由两个独立存在的层级构成的（理念的世界，以及杂乱无章的物质领域），它们通过灵魂得以联结（灵魂依据理念将物质组织起来）；另一种则是他关于派生的新理论，根据这个理论，灵魂不会将独立存在的事物聚集在一起，相反，它是一（理智）的产物，并产生其他事物（物质世界）。在第七章的开头我们将再次关注这两种观点。

四、太一的产生是出于必然性吗？（《九章集》VI. 8 [39]）

在下一章讨论灵魂派生物质世界这一阶段之前，我们应当简要地考虑一个问题，即太一是必然地产生了实在，还是自由地产生了实在。这个问题主要源自对普罗提诺宗教上的批评，在这些批评中，

[①] 参见 H. Blumenthal, 'Soul, World-Soul, Individual Soul', in *Le Néoplatonisme* (Paris, 1971), 56–63。

普罗提诺所主张的太一借以产生万物的必然性与上帝借以创造世界的爱的自由行为（令人不快地）相提并论。

认为这种比较有效的看法似乎主要基于对普罗提诺流溢形象的字面解释。根据这些解读，普罗提诺的太一以自动的必然性产生事物，就如同喷泉产生水那样。然而，对普罗提诺所使用的流溢形象进行更准确的理解，就会对这种解读产生怀疑。无论如何，普罗提诺在他最优秀的论文之一——《九章集》VI. 8 [39] 中讨论了自由与太一的必然性这一主题，感兴趣的读者应该不难找到这篇文章，因为波斐利给它拟了一个标题：《论自由意志与太一的意志》（"On Free Will and the Will of the One"）。这篇文章并不会造成对神学争论的简化，而是可以为那些关心重要哲学问题的人提供更多的观点。

比起尝试研究 VI. 8 这篇论文的内容，也许转向普罗提诺所提出的一些重要观点更为合适，我们可以在对这一文本的仔细阅读中进一步探讨这些观点（以及其他）。最先应该指出的是，在这个语境下，必然性和自由这两个相对的概念主要是指人在世界中的状况。如果想要避免太直接的拟人化，我们就应当追问，这些概念怎样才能用在（如果说可以用的话）超越人类状况的实在上。从某种意义上说，自由和必然性的对比并不能恰当地应用于超越我们经验的事物。在强调太一的绝对超越性以及它的不可言说性的时候，普罗提诺同样也展示了对人类自由的分析，在朝着太一的方向向上延伸时，也涉及对自由限制的减少，以至于当达到太一的水平时就达到了绝对自由。普罗提诺将自由与我们所控制的事物联系起来，而不是与施加于我们的外部约束联系起来。这些约束包括身体的激情，而控制则来自判断的独立性。因为这种判断必须通过知识而非无知来运作，所以它在神圣理智中有着最不受限的形式。然而,理智不是绝对自由的,因为它与超越它的善,与太一相联系,而太一超越了一切约束、外部限制或针对他物的引导性。因此,可以说太一对它自身以及它所产生的事物都以绝对的自由施加意志。(参见第13、18节)作为理智和其他一切事物的来源,它也可以说是其他事物中的恰当形式的自由的来源和基础。在阐述和讨论这些普罗提诺的观念时,我们应当牢记太一的不可言说性,以及我们尝试构想的东西超越了我们生活于其中的世界的限制和约束(参见第8节)。

(李博涵　译)

第七章

万物从太一中的派生（II）

一、柏拉图《蒂迈欧》中的世界创造

我们生活于其中的这个世界起源于什么？这是前面各章节所探讨的主要问题。对世界所预设的某些原因（灵魂、理智、太一）的识别，难以完满地解答这个问题。我们还需要了解这些原因是如何构成（或派生出）世界的。对于柏拉图主义者而言，与这一问题相关的重要文本是柏拉图的《蒂迈欧》，这是一份关于世界起源的阐述，尤为精彩，但在许多方面又令人困惑。在处理普罗提诺关于世界结构的讨论之前，我们需要仔细考虑对《蒂迈欧》的解释所造成的一些问题。

柏拉图这篇对话录中的主人公蒂迈欧讲述了一个关于世界生成的"可能的故事"（《蒂迈欧》29d），这个故事使用了各种形象，特别是手工制作方面的形象。人类工匠（或手工艺人）采用适当的材料（如木材），根据他所想到的设计或模型来使用材料，从而制造出物体，与之类似，也有一位神圣工匠（即德穆格），他模仿一种模型（永恒的理念），通过某种媒介（被描述为"容器"），产生出一个模仿品，这个模仿品就是世界。（《蒂迈欧》28a–29d）

亚里士多德从字面意思理解这个观点然后抨击它。认为自然就像工匠一样工作，它必须制作蓝图，进行计算，并担忧这一切，用手中的材料劳作，这不是十分荒谬吗？亚里士多德认为，自然的产生是毫不费力的，也无须计算，并且在执行上的完善性远超人类的手工制作。无论如何，亚里士多德认为世界不可能是被"制造"出来的，因为世界不可能有开端，它是永恒的。普罗提诺和他的学派可能从阿弗罗狄西亚的亚历山大的评注中注意到了这些观点，这些评注强调自然并不需要在它的产生过程中进行计算，而人类的手工艺只是对自然的一种拙劣的模仿。

其他的哲学学派也拒绝柏拉图的宇宙德穆格论。对于斯多亚学派而言，神圣的生产力是在物质内部而不是在物质之上起作用的。伊壁鸠鲁学派则嘲讽这种主张劳苦的神（用什么工具）创造世界的观点。无论如何，他们认为——但这只是少数派的观点——世界没有被很好地制作，把这种拙劣的工作归咎于神是不敬的。世界应该是由原子在虚空中非理性的任意运动所产生的。

面对如此的批评，柏拉图主义者对《蒂迈欧》中的德穆格有何评价？许多柏拉图主义者对此做出回应，声称不应该从字面上去理解柏拉图的话。他们赞同亚里士多德的观点，即世界是永恒的，因此严格来说，世界并非是被"创造"出来的。而有一些人则不同意，比如阿提库斯（残篇4），他坚持认为《蒂迈欧》描述了世界的一种开端。那些声称世界是永恒的而非在某个特定的时刻被"创造"出来的人，必须相应地解释柏拉图的神圣德穆格。这样的一种解释可以在阿尔基努斯的《柏拉图教义旨归》第14章中找到，其中柏拉图说：

> 关于世界的产生，我们必须认为这并不是说曾经有一个时期世界不存在，而是说世界一直在生成着，并揭示它存在的根本原因。永远存在的世界灵魂不是由神创造的，而是由它给予了秩序。从这个意义上讲，这就是人们所说的神的创造，即唤醒了世界灵魂的思维，并使其转向它……以便它［灵魂］沉思它的思想［即理念］并接受理念。

第七章　万物从太一中的派生（II）　095

根据阿尔基努斯所说，世界是由独立的原因、一个超验的神、一个世界灵魂和物质共同产生的。神不会产生灵魂和物质，而只是激发灵魂按照其思想——即理念提供的模型来组织物质。所有这一切的目的既是为了展示世界是如何永恒地被创造的，又是为了使神在不参与任何低贱的手工行为的情况下，作为一个原因发挥作用：像亚里士多德的神圣理智一样不受干扰，神存在于他思想的完善之中。他对宇宙的任务是由一个附属于他的世界灵魂来执行的。

这样的解释令人满意吗？作为一种对柏拉图文本的解读来说，它似乎并没有比其他解释更牵强。但作为一种理论，它几乎不能解决柏拉图将自然的产生与手工生产同化所带来的问题。它仅仅是将神的手工任务分派给他的附属者而已。那么灵魂又是如何"创造"世界的？它会像工匠一样工作吗？如果不是这样，那么它又将如何运作？在这些问题之上，我们可能会增加一个与普罗提诺特别相关的难题。阿尔基努斯的理论以及一般的手工创造的形象都假定了世界是由各种预先存在的独立原因的合作所构成。然而，对普罗提诺来说，不可能存在这些独立原因的结合：世界必须通过作为中间阶段的理智和灵魂，从一个终极的源头——即太一——中产生。因此，对他来说，灵魂，也只有灵魂，是世界的直接原因（proximate cause）。

二、作为产物的沉思（《九章集》III. 8 [30]. 1-7）

普罗提诺在他最早期的作品中，就意识到了将世界的起源与手工制作物品作比较时所涉及的一些困难。他接受了亚里士多德的说法，即自然的过程远胜于人类的工艺：自然不需要进行计算和深思熟虑，它在工作时也不会太劳苦（参见 IV. 8 [6]. 8. 14–16）。那么世界又是如何产生的？柏拉图的《蒂迈欧》又应该如何解读？

我们可以在《九章集》IV. 8 [6]. 2. 19–30 中找到对这些问题的一种解答：

> 他［柏拉图］说，这就是为什么如果我们的灵魂与完善的灵魂在一起，它也会被完善，便会"游走于整个宇宙之上并引导整个宇宙"［《斐德若》246c］；当不再存在于身体中或属于某个身体时，像世界灵魂一样，它将很容易地参与统治宇宙……对宇宙的关照是双重的，一种是普遍的命令，就像王权不直接参与地进行安排；另一种是特殊的，是通过造物者与受造物接触而实现的行动。

这一文本似乎进一步发展了阿尔基努斯所发现的解决方案，即通过将工作分配给附属者来避免更高的原因参与创造的实际工作，就像一个统治者——一种如今具有政治性的形象——可以将粗活分派给他的下属。（将任务分派给下属这种观点已经在《蒂迈欧》41ac中出现过了，在这段文本里，德穆格将较少的工作交给了较低位的神。）在阿尔基努斯的文本中，这一工作是从神这里转移到了世界灵魂那里；而在普罗提诺的文本中，它从这个灵魂转移到了特殊灵魂那里。就像在阿尔基努斯那里一样，这种做法不会奏效：仅仅转移手工任务并不会消除或替代它们，而如果有人像普罗提诺，认可对手工制造（作为理解事物起源的一种方式）的批评，那么就需要消除或替代手工任务。

我们可以在普罗提诺后期的作品中发现对世界的构成的一些解释，它们并未借用手工生产的过程以及这一过程所伴随的缺点（计算、忧虑、不确定性、辛苦劳作）。完整的文本在 III. 8 [30]. 1–7，这是反诺斯替教篇章（III. 8, V. 8, V. 5, II. 9）的开头。尽管人们可以简单地将这一文本理解为普罗提诺对传统上与柏拉图《蒂迈欧》相关难题的回应，但从这篇论文的后面部分可以清楚地看到，这些难题由于诺斯替教的观点对普罗提诺的学园的影响而变得更加尖锐，诺斯替教的这个观点认为，世界是由一个宇宙德穆格创造出来的，这个宇宙德穆格无意中创造出了邪恶的东西——即这个世界。普罗提诺认为这样的观念是对柏拉图《蒂迈欧》的误读："并且，关于世界的形成方式以及其他许多方面，他们完全歪曲了他［柏拉图］的意思，贬低了他的观点，就好像他们参透了可理知的自然一样。"（II. 9. 6. 24–7）普罗提诺在这篇论文的前面部分提到了诺斯替教对世界如何产生这一问题的无知：

因此，虽然他们保留了可理知事物，但他们以这种方式破坏和生成［世界］是不对的，就好像创造者只是在某一时刻想去创造一样。他们不想了解世界是如何形成的，也不知道只要可理知的事物照耀着，其余的事物就永不会缺失。（V. 8. 12. 20–4）

在反诺斯替教篇章的开端，即在 III. 8，普罗提诺建立了对世界产生的正确理解。

普罗提诺首先提出了一个他觉得会被认为很奇怪的论点：

如果在正式讨论之前，我们开玩笑说，一切事物都渴望沉思，并欲求这一目标——不仅理性的动物如此，非理性的动物也如此，还有植物的天性，以及生育它们的地球，莫不如此——一切事物都按照各自的本性，尽其所能地实现这个目标……有谁能容许这样一个奇怪的说法？（1.1-8）

人们把沉思（theoria）作为最高知识的拥有者来追求，这可能是有些道理的，或者至少可以作为一个论点。（亚里士多德在《形而上学》著名的开篇词中就提到了这个论点。）但是，这种知识也可能是非理性事物的目标，这似乎让人难以接受。

在进一步发展他的论点时，普罗提诺提出，除沉思外的人类活动的其他形式（依照亚里士多德的区分），即行动和制造，都从属于沉思：我们为了沉思而行动和制造，它们是沉思的副产品（就如同图纸是几何学家沉思的结果，4.9-11），或者是沉思的次要形式或替代物。

而事实上，每当人们变得太虚弱而无法沉思，就会采取行动以此作为沉思和理性的影像。这是因为，由于灵魂的软弱使沉思不适合他们，使他们不能充分地把握沉思的对象，并且由于这没有被实现，但他们仍然渴望看见它，于是他们被带到行动中，以便看到他们无法用理智把握的东西。因此，每当他们制造事物时，他们自己都希望能看到它；每当他们的意图尽可能地付诸行动时，他们也希望别人察觉并沉思它。那么我们便可以发现，在所有的情况下，制造和行动都是沉思的弱化或副产品：如果一个人在行动之后什么也没有，

第七章　万物从太一中的派生（II）

这就是沉思的弱化；如果一个人有别的高于行动的东西要沉思，这就是沉思的副产品。（4.31–43；另参见第6节）

如果我们认同了这样的说法，即当我们行动或制造某物时，这种情况的发生是作为一种认识的结果，或者说是认识的替代，我们就需要看看这种说法如何能够超越人的领域运用到自然世界的每个层面。

自然，作为组织物质的灵魂力量，并不像"用手"或是使用工具那样对物质施加影响。（第2节）相反，它是一种在生产时保持自身不动的形式，因为在所有的生产中，包括在手工制作中，都有一种不运动或不变化的东西，即指导生产过程的形式，又因为正是在物质之中这些变化才得以发生，可见的事物形状也是按照这种形式被生产出来的。（关于这一点，也见前文第二章第六节。）作为对物质中的形式负责的不动的理性原则，它必须是沉思：

行动的发生符合一个不同于它的理性原则［逻各斯］。但理性的原则，即便是那些伴随着行动和指导行动的原则，也不是行动本身。因此，如果它不是行动，而是理性原则，那么它就是沉思。而在所有的理性原则中，最低的［层级］是来自沉思的。（3.3–7）

在将自然——即事物的形成原则——称为沉思时，普罗提诺并不希望暗指它是在计算、探求、斟酌意义上进行思考。（3.14–17）这样的思考意味着缺陷，意味着缺乏某种必须寻求的知识：

但是它［自然］有，并且通过有进行创造。因此，作为它之所是的存在，它得以创造，它是多少，它就创造多少。但它是沉思，同时也是沉思的对象，因为它是一个理性原则。因此，作为沉思和沉思的对象以及理性原则，它是这些事物，也创造这些事物。如此一来，它的创造向我们揭示了它是沉思，因为它是保持不变的沉思的结果，并且沉思不做任何其他事，只是以是沉思的方式创造。（3. 16–23）

因此，自然不会试图弄清楚自己应当如何设计世界。相反，世界反映自然中的某种知识，一种受更高原则启发的沉思。因此，正如普罗提诺后来在反诺斯替教的文本中所说：

你可以解释地球为什么处在中间的位置，为什么地球是圆的，以及为什么黄道是它所是的那样。但在那里［在可理知世界］，并不是因为它必须以这样的方式存在，一切才被这样计划好，而是因为［可理知世界］就是这样的，所以［世界］被很好地安排了。（V. 8. 7. 36–40）

事物为什么会以它们所是的方式被创造出来，这一问题可解析为一个事实，那就是事物是按照其制造者的本性而被制造出来的：自然被制造成沉思着的灵魂，它思考着理智。

综上所述，我们可以说，（1）自然的产生不涉及辛苦劳作，自然作为指导物质变化的形式本身并不发生变化；（2）自然的产生不涉及计算，自然作为知识的完整形式本身只是反映在世界的"设计"

中。在这两方面，自然的生产力都不是手工艺性的。

普罗提诺当然也意识到了，将自然称为沉思或知识的一种形式，就意味着将这些术语延伸到其正常的（人类的）应用范围之外。作为沉思的自然既不是感知力，也不是理解力。相反，它是一种非常低级的意识形式，相当于人在睡眠时的意识。（III. 8. 4. 22-4）它是一种最低级的意识，经历一连串不同等级的沉思，通过灵魂抵达理智。（4. 8-13）正如理智作为对太一的沉思而存在，灵魂作为对理智的沉思而存在，自然是对灵魂的沉思，而其结果，也是一种副产品，就是世界。（对比第5—8节）因此，在 III. 8 中，普罗提诺明确地用沉思性的派生过程取代了工匠式的世界创造模式：世界从灵魂中派生，就像灵魂从理智中派生以及理智从太一中派生一样。

三、自然、时间以及物质

III. 8 中对世界的产生的解释需要在以下几个层面进行拓展。（1）我们可能希望了解更多的东西，比如，关于普罗提诺在 III. 8 中提到的沉思性的自然以及它与灵魂的关系。（2）世界的永恒性问题是什么，而时间又是如何产生的？（3）构成身体的终极材料又是什么？它是否也是由自然产生的？

1. 自然作为一种生产的能力，也许最好将它视作灵魂力量的一个方面，这种灵魂的活动与世界的基本组织相对应。灵魂包括一系列的力量或活动，这些力量或活动表现为灵魂在身体中的各种生命功能（参见前文第一章第三节）；自然就是这一系列力量的一部分。

从这个意义上说，自然并不是与灵魂分离的实在，就如同灵魂是与理智分离的实在一样。在一些文本中，普罗提诺将自然视作由灵魂产生的形象（参见 V. 2 [11]. 1. 18–21），而这正是 III. 8. 1–5 给人的印象。然而，普罗提诺还一方面区分了灵魂和它的低级力量，另一方面区分了理智和灵魂，他说灵魂在产生这些低级功能时是运动的，而理智则在产生灵魂的过程中保持不动。灵魂所特有的这种动力性（dynamism）表明了自然在将灵魂和灵魂的低级功能连接在一起时展现出来的连续性。（参见 V. 2. 1. 22–9, III. 4 [15]. 1. 1–6, III. 8. 5）如果说自然，作为一种生产的能力，是灵魂的一个组成部分，那么，灵魂对物质的影响，即它给予物质的生命并与物质构成一个活生生的身体，则可以说是灵魂的形象或者是"痕迹"或"影子"。（参见 VI. 4 [22]. 15. 15–18, IV. 4 [28]. 18. 1–9）

2. 如果普罗提诺不是从字面意义上解释《蒂迈欧》中关于神圣工匠的形象，那么他也不可能将这段文字理解为给世界分配一个开端的时刻。像其他的柏拉图主义者——如阿尔基努斯——一样，他接受了亚里士多德的学说，认为世界是没有开端的，而且，他还将《蒂迈欧》解释为通过超验的原因（transcendent causes）来说明世界的永恒构成。世界永恒地来自灵魂，正如灵魂和理智永恒地来自太一一样。在世界的产生过程中，灵魂以这样的方式行动，即时间作为世界的特征而出现。普罗提诺在 III. 7 [45] 中对时间这一主题进行了精辟而有理有据的分析，并得出结论：时间是由灵魂产生的，灵魂不满足于停留在对理智的沉思中，而是将这种沉思表现为一种运动，这种运动是一种分离，并扩散到理智的统一生命的连续性中。（第 11 节）这种统一生命所分离而形成的连续时刻就是时间："时间是灵魂在从一种生命模式到另一种生命模式的运动中的生命。"（11. 43–5）世界由灵魂的运动——即时间所构成，世界也处在灵魂的运动即处在时间中，在这个意义上，世界是被时间所限制的。它以连续的片段存在于永恒理智的统一生命中。

3. 一些阅读普罗提诺著作的现代读者认为，灵魂产生世界的物质是独立于灵魂的，并预先存在于灵魂对世界的创造，其方式与阿尔基努斯的大体相同。如果真的是这样，那么普罗提诺在应用单一优先原则时就会产生不一致的情况，因为依据这个原则，一切事物都必须直接或间接地从太一中产生。如果世界是根据普罗提诺为更高层级的实在（理智和灵魂的派生）所提出的派生体系而被创造出来的，那么，人们就会期待物质作为一种自然的次要活动而出现，这种活动是不确定的，它通过某种方式"转向"作为灵魂最低层级的自然，并根据自然所表现的模式而形成。正如我们可以在 III. 4 [15] 中看到的，普罗提诺确实是按照这种思路来思考的：

> 正如先于此产生的一切事物都是生来无形的，它通过转向生产者而接受形式，并被滋养，可以说这也一样如此，被产生的事物不再是灵魂的形式，而是无生命的，是完全的不确定性。因为，如果在更高层次上发现不确定性，那它只是接受形式上不确定，不是完全不确定的东西，这 [不确定性] 只是相对于它的完善而言。但是，我们现在所说的是完全的不确定性。当完成时，它通过采取适合其能力的形状而成为身体。（III. 4 [15]. 1. 8–15）

那么，物质就不是一个独立的原因，它和其他一切事物一样，最终都是从太一之中派生而来的。作为绝对的不确定性,它是派生过程的终点。在它的身上所出现的是无生命的灵魂的形象,而这些灵魂的形象本身不能再进一步表达太一的力量和完善性。

(李博涵　译)

第八章

论恶

一、恶的问题

单一优先原则（前文第四章）要求任何事物都直接或间接地从太一派生而来。因此，物质世界就是通过灵魂间接地从太一派生出来的：灵魂产生物质，世界由通过灵魂产生的物质构成。但物质世界绝不是完善的。普罗提诺并没有试图取消各种恶的存在。因此，他是在说，本质上作为善的一种表达的灵魂，会产生恶吗？既然他将物质描述为绝对的恶（下文第二节），那难道他不是在宣称绝对的善（太一）最终会产生绝对的恶（物质）吗？这不是自相矛盾吗？普罗提诺相信（前文第六章第二节），善的东西会表达其完善，并给予其善性。那它怎么能够产生恶呢？

这些问题不可避免地与这类哲学相关，它们提出了实在的一个终极来源，并认为这个来源尽善尽美。这些哲学似乎不得不在以下几个观点之间做出选择：否认恶的实在；试着接受这种明显的矛盾，即善产生恶；放弃万物只有一个终极来源的主张（我们称之为"一元论"［monism］），承认两个对立的来源，一个是善的原则，一个是恶的原则（我们称之为"二元论"［dualism］）。当然，在宗教思想中，当神被认为是善的、独一无二的造物者时，也会出现这样的问题。早在普罗提诺面对它们之前，它们就已经成为希腊哲学传统的一部分了。

普罗提诺引用了柏拉图的《泰阿泰德》（*Theaetetus*, 176a）说恶是这个世界的一个永久特征："'恶不会被毁灭'，而是'必然存在'，恶无法立足于'诸神之中'，而是'徘徊于有死者的天性并永驻于此'。"（I. 8 [51]. 6. 1–4）普罗提诺还回顾了（I. 8. 7. 1–7）柏拉图在《蒂迈欧》

(47e–48a)中将世界描述为两种对立原则的结果——善的理智无法完全战胜与之对立的"必然性"原则。除宇宙中的缺陷和恶外，我们还应该加上人类道德上的恶或缺陷。柏拉图在《斐多》和《斐德若》中对此有所论述，这些段落在 IV. 8 [6] 中被普罗提诺探讨。为什么灵魂会犯罪？为什么灵魂会下降？为什么灵魂被囚禁在身体里并受到惩罚？这种道德上的恶和宇宙中永恒的恶之间是什么关系？

恶在柏拉图的宇宙中比在亚里士多德的宇宙中更为突出，在亚里士多德那里，宇宙由一个理性的秩序进行统治，在这个秩序中，每一件事物通常都实现了其适当的完善性。在柏拉图的宇宙中，秩序则相当松散：有时（并不是通常）出错；还有一些故障、干扰或偶然事件可能导致自然过程和人类道德领域的失败。这样的松散在斯多亚学派的宇宙中是不被容忍的，因为它由一个内在的理性神所渗透和控制。这意味着一切都必须以或这或那的方式是善的。当然，这样一个激进的论点使恶成为一个尤其尖锐的问题，一个可能威胁到斯多亚主义一致性的问题。在回应他们的批评者时，斯多亚学派试图论证恶是一个属于整体的特征，这个整体是善的：我们认为是恶的东西（灾难、不公正等）实际上在一个更大的善的计划中发挥作用。只要我们能看到"全貌"，我们就能理解，例如，痛苦是如何为一个善的目的服务的。由于世界是一个复杂的系统，它必然是多种多样的，包括一些我们在孤立判断事物时认为不好的特征，但它们是构成整体之善的必要组成部分。

作为普罗提诺讨论恶的问题的背景，我们也应该参考一下中期柏拉图主义者如何解释柏拉图的观点。总的来说，他们的方法是二元论的：世界由两种相反的原则构成——善（德穆格与理念）和恶（物质，或作为物质无序运动的原因的灵魂）。即使这种二元论解释更方便，主张一元论的普罗提诺也没有采用这种解释方式。最终他直面了诺斯替教派的恶的概念，他们认为邪恶是造物者的叛教，他所创造的世界是其自作主张和对善的反抗结出的恶的果实。

二、物质作为绝对的恶（《九章集》I.8 [51]）

在 I.8 的前面几节，普罗提诺试图说明恶的本性到底是什么。为此，他从与之相反的善的本性入手。善与自足性、可度量性、理念和完善有关，要么作为它们的来源（太一），要么作为它们所描述的理智和灵魂的特征。它是可知实在所拥有的完全的完美的存在，因此在这种意义上，它是"超越存在"的所是，或者就是"存在"本身。（第 2 节）恶，作为善的对立面，可被对立地描述为非存在，这不是因为它不存在，而是因为它是灵魂、理智和太一中存在着的完善的对立面。因此，它是自足性、可度量性、理念和完善的反面：

> 至此，人们能够对它［恶］形成一种观念了：它就是与可度量性相反的不可度量，与限度相反的无限度，与理念相反的无理念，与自足相反的永远缺乏；它总是不确定的，绝不稳定的，完全消极的，永不满足的，绝对匮乏的。（3.12–16）

在普罗提诺的世界里，有一种与这种描述相对应的实在，一种本质上绝对没有理念和度量的实在：物质。对恶和对物质的描述是

相同的。物质就是恶。（3.35–40）

我们可以把物质称为"绝对的"或原初的恶，或者说是恶本身（per se），以此来区分它和通过与它的某种联系而分有恶的事物，尽管它们本身并不是恶。这种"次级"的恶包括身体——它们是由物质构成的（4.1–5），也包括灵魂——它因缺乏度量而成为恶（4.6–13）。比如说，疾病是因为身体缺乏度量，丑陋则因为缺乏理念（5.22–4）：

那么，原初的恶就是无度量的，而那些由于同化或分有而处于无度量状态的事物，则是由于一个偶然的属性而成为次级的恶。如此说来，黑暗是原初的恶，黑暗的事物则是次级的恶。现在，作为灵魂的无知与缺乏度量的恶，是次级的恶，而非原初的恶。德性也并非原初的善，而是被善同化或分有了善的东西。（8.37–45）

在进一步讨论之前，不妨先强调两点。（1）身体本身并不是恶；只有在它的物质不适合理念的情况下它才是恶的。（2）普罗提诺所定义的恶的概念是善的"丧失"或缺失，这在受普罗提诺影响的基督教思想家如尼撒的格列高利（Gregory of Nyssa）或奥古斯丁等人的著作中都能找到。但基督教神学家们所说的"善的丧失"，不是指现存的实在，而是指灵魂故意背离神。然而，对普罗提诺来说，恶是存在的，它就是物质，尽管他也发现，正如我们将看到的，灵魂偏离了善。物质是一种现存的实在，它是宇宙的一部分，也是其他恶（包括道德上的恶）的原理，我们不妨称它为"形而上的恶"。

如果恶作为实在而存在，普罗提诺如何处理本章开头列出的难题？绝对的善怎么可能产生绝对的恶？一个可能的回答（参见 III. 2 [47]. 5. 27–32），是指出派生理论表明派生过程中每一个相继的阶段都代表着更小的完善程度，或者（以否定的方式表达出来）代表着更大的不完善程度。这一系列的阶段必定会持续到它达到自己的极限，即绝对的不完善或恶。所以，似乎正是在派生和善的生产力的逻辑中，最终恶产生了。

这个回答需要修正。它表明，派生意味着不完善的程度加剧导致绝对的不完善，也就是恶的程度加剧导致绝对的恶。但普罗提诺并不承认在太一之下的两个层次的实在中存在着任何形式的恶。

> 那［理智］是它［太一］的第一个活动和来自它的第一个实在，而［太一］始终保持在自身之中。理智的活动是围绕着它［太一］的，就好像在它周围生活一样。灵魂也环绕着它［理智］活动，同时朝向它，沉思它里面的东西，并透过它观照到神。这就是"诸神的生活"［《斐德若》248a］，无忧无虑，充满幸福。这里没有恶，并且，如果一切止于此，那也就不会有恶，只有第一善、第二善和第三善。（I. 8. 2. 21–8）

那么，我们必须区分不同完善程度的存在（相对于至善而言）和各种形式的恶的存在。比至善低层次的东西，比如说灵魂，在它们自己本性的层次上是可能完善的。（对比 5. 6–8）从善中派生的更低层次，似乎并不意味着恶必然存在。（也可参见 II. 9 [33]. 13. 28–34）然而，恶似乎确实是派生所要求的，这是因为派生必然有一个终端，超过这个终端，善就不会继续产出：

人们也可以这样来理解恶的必然性。既然不仅有至善,那么越过至善而远离的过程,或者如果愿意也可以说,从至善坠落或背离的过程,必然有一个终端,在其之后不会再出现任何其他东西了。这个终端就是恶。既然在第一者之后必然存在其次者,那么最末者也必然存在,但最末者是物质,它不拥有第一者的任何成分。(I. 8. 7. 16–23)

然而,事实是,物质作为绝对的恶,不只是派生的终点,它也是派生的结果:物质由灵魂产生。普罗提诺留给我们一个悬而未决的悖论,即在他看来,善应该献出自己,献出自己的善,实际上它却产生出了恶。

三、道德之恶(《九章集》III. 9 [13]. 3, IV. 8 [6])

普罗提诺在其写作生涯早期的一些文本中,似乎暗示恶作为一种自作主张的行为的后果起源于灵魂,这一自作主张的行为切断了它与可理知的实在之间的联系。

在[灵魂]被带向低于它的事物时,就是趋向非存在。当灵魂转向自身时,就会产生这种情况。因为它想要朝向自身,它就会把它之后的东西产生为它自身的影像,即非存在,它就好像在虚空行走,变得更加不确定。这个影像,这个不确定的事物,是完全黑暗的,因为它全然无理性,不可理知,与存在相距甚远。[灵魂]的位置处于(存在与非存在)中间,但它再次注视影像,就像再看一眼一样,它就使影像塑形了,并且它欣然进入其中。(III. 9 [13]. 3. 8–16)

普罗提诺在V. 1 [10]. 1. 1–6中声称,对于灵魂来说,"恶的原因"是一种自我认同的行为,它将灵魂与它之上的事物隔绝开来。

这些段落给人的印象是,普罗提诺的思路让人想起诺斯替主义:恶源于灵魂对至善的背离,灵魂在这种背离中创造并形成物质。因此,我们也许可以得出结论,形而上的恶并不是善的产物,也不是派生的结果。它是由道德之恶,也即灵魂中的道德败坏所造成的。

这个结论与普罗提诺在后面I. 8中体现的立场不一致,他在I. 8中认为道德的恶是次级的,依赖于形而上的恶,而形而上的恶是首要的。它也不符合普罗提诺在另一篇早期的论文IV. 8 [6]中的说法。在这篇论文中,普罗提诺讨论了灵魂坠落到身体的原因。他指出柏拉图在这一点上说得并不清楚。(1. 23–8)在一些对话(《斐多》《斐德若》)中,柏拉图认为灵魂与身体的联系是不好的,说灵魂被囚禁在身体里,而在其他一些地方(《蒂迈欧》),他又积极地看待灵魂在身体中的存在:灵魂是为了完善身体而来到身体里。在接下来的内容中,普罗提诺主要强调了《蒂迈欧》中的观点:灵魂是为了完善身体,才作为善的表达而在身体中。

因此,虽然[灵魂]是神圣的,来自更高的领域,但是它进入了身体。它是最低层次的神,它出于自主的倾向,因为自身的力量和对它之后的东西的指示,而下降于此。如果它很快脱身,那么它不会因认识恶、了解恶习的本质而受到伤害,而是彰显自己的力量,展示自己的作品和创造——如果它们保留在非物质的世界，就会因为没有进行活动而成为无用的。如果灵魂不显现，不向外发展，那么灵魂本身也不会意识到它自己拥有什么。（5.24–33）

灵魂生成事物时并不是出于道德的恶，这种恶也不一定出现在它的活动中。是因为与身体的长期结合，即对身体的专注和痴迷，使灵魂忘记了自己，灵魂才变得恶。（4.13–30）形而上的恶不是由灵魂的道德败坏产生的。灵魂的生产力本质上是好的。道德上的恶，是因迷恋身体带来的无知而产生的。那么，身体（因此也是物质）必须已经存在，才会发生道德上的恶。道德的恶是形而上的恶的结果，而不是原因。普罗提诺在这一点上的观点在他更晚一些的论文I.8中并没有改变（见下文所引的段落）。

但是，形而上的恶怎么会产生道德的恶呢？这意味着物质超过灵魂，劣者胜于优者，这似乎是不可能的。灵魂是否存在着某种缺陷，让它受物质的影响？普罗提诺坚持认为，事实并非如此：

这就是灵魂的堕落，它就这样进入物质之中并变得虚弱，因为所有［它的］力量都不能为了行动而呈现，物质通过占据灵魂所拥有的位置，来阻止这种呈现，并使得灵魂收缩，可以说它通过盗窃一样的方式使获取的东西变成恶，直到灵魂能够上升。所以说，物质是灵魂虚弱的原因，是恶的原因。因此，［物质］是灵魂之前的恶，是原初的恶。（I.8.14.44–51）

然而，很难看出物质如何能对灵魂的恶习负全责。这将意味着剥夺灵魂对其行为的道德责任。普罗提诺在这不久之前写的一篇论文 III. 2 [47] 中认为，在一个由可理知的原则组织的世界框架内，灵魂在一定程度上负有道德责任：我们不作恶，因为这是由事物的秩序所决定的。

具有自主运动能力的生命体有时会趋善，有时则趋恶。关于自发转向恶的原因，或许不值得探究。因为起初的稍稍偏离，在后续进展中总会使误差越来越大。而且还有身体的伴随，以及必然伴随的欲望。如果不留意第一步以及突然发生的转变，如果偏离没有得到及时纠正，就会埋下导致堕落的隐患。（III. 2. 4. 36–44；参见 III. 3. 4. 47–8）

灵魂似乎只需要一点点任性的行为，即一点点冲动，就会逐渐地沦为身体的附庸。这种堕落意味着对理智的背离，因此，也意味着无知和道德之恶的出现。

四、宇宙的善（《九章集》III. 2–3 [47–8]）

我们为什么要作恶？是我们所处的环境的力量造成的吗？是因为我们天性中的一些缺陷吗？还是因为一些错误的选择？为什么会这样选择？普罗提诺非常坚持灵魂的自然善性，以及形而上的恶（物质和由物质形成的次级的身体）作为道德之恶的缘由的重要性。但他不能让形而上的恶成为产生道德之恶的唯一因素，因为这样做会摧毁我们对生活的控制和我们的道德责任。作用于我们的灵魂部分的某些运动，一定会将我们带向恶。但普罗提诺试图削弱这一运动的影响，并留下了一些谜题。①

如果形而上的恶自身不会产生道德的恶，那么道德的恶也不会产生形而上的恶。灵魂不会（像在诺斯替主义的某些说法中）因为一些道德上的失败而产生物质和身体。但这又让我们回到了至善产生出恶的悖论。至善的生产力带来了派生，因此带来了较低程度的完善，但这似乎并不是一开始就一定要有恶的存在。恶在稍晚些时出现，在派生的末尾或极限处。但是，为什么这种派生的结束一定要紧接着发生在灵魂之后的阶段呢？为什么善的灵魂会创造出恶的物质呢？

普罗提诺的恶的理论所涉及的两难问题并不容易解决。如果我们想进一步分析，还应该研究一下在 III. 2–3 [47–8] 中关于恶的讨论。普罗提诺试图在这里为"天意"（他把它解释为理智赋予这个世界的秩序）这个概念进行辩护，反对伊壁鸠鲁学派否认天意的存在并强调世界的缺陷，也反对诺斯替主义者把世界看作是恶的德穆格的作品。(III. 2. 1. 5–10) 普罗提诺审视了困扰我们的恶的详细情况——也许是当时困难的政治和经济条件（参见导言部分第一节）使得这些恶尤其强烈。总的来说，他采用了斯多亚学派的乐观主义，利用他们的论点，做出适当的柏拉图式的调整：我们所遭受的许多挫折（如贫穷）并不是真正的恶；许多恶有着善的目的；恶人终会

---

① 普罗提诺还试图通过将其限制在灵魂的较低层面，来最小化灵魂在恶的方面的牵涉。(I. 8. 4. 25–33)

有恶报；虽然作恶的人要为自己的行为负责，但这些行为都被纳入到一个更大的宇宙系统中，而这整个宇宙系统是善的；这个系统的善与美需要多样性，需要完善性的差异，正如一个好的剧本必须同时包括反派和英雄。并非所有这些论点——其中许多都是传统观点——都有说服力。如果我们接受这样的说法，我们就得相信灵魂的轮回：

人成为奴隶并非偶然，人成为战俘也非意外，人的身体被侵犯更非无缘无故：现在所遭受的一切都是他先前所做之事的报应。人若杀死自己的母亲，就会［来生］变成妇女并被儿子杀死；人若奸淫了妇女，就会［来生］变成妇女并被奸淫。（III. 2. 13. 11–15）

不管怎样（相较于我们，这可能对普罗提诺同时代的人更有说服力），从 III. 2–3 中的论点可以很清楚地看出，对普罗提诺来说，尽管这个世界存在着各种罪恶，但它仍然处处被美、善和智慧照亮。这种对世界的积极态度，我们也可以在这篇论文的最后一段话中找到，普罗提诺在这段话中探讨了物质是绝对的恶的观点：

但由于善的力量和本性，恶不仅仅是恶的。因为恶必然要显现，它就被美丽的束缚缠绕着——就像戴着金制镣铐的囚徒——并且被掩盖着，以便不被诸神看到，这样人们也不必总是看到恶，而且即便人们看到恶，也会同时看到引发他们回忆的美的影像。（I. 8. 15. 23–9）

（罗晶晶　译）

第九章

论美

一、美的经验（《九章集》I. 6 [1]）

生活中柏拉图最感兴趣的一个方面是美的经验。他所说的这一经验不仅包括感知的美（我们所看到和听到的自然美和艺术美），而且还包括非感知的或非物质性的美，如灵魂美与理智的德性（《希琵阿斯前篇》[Hippias major] 297e–298b；《会饮》210ac）。在普罗提诺看来，柏拉图所描绘的美的范围如下：美主要出现在视觉中，但也存在于听觉中，在成组的词句中，在所有的音乐中……但是，对于那些超越感官知觉的人来说，美也在好的追求、行为、品格、科学和德性之中。（I. 6 [1]. 1. 1–6）我们暂且不去讨论非物质美的概念，首先要问的是如何解释感知的美的经验。某些事物是否拥有某种特性或品质，使它们（而非其他事物）是美的？但是我们中的一些人发现了一些其他人没有发现的美。这是关于个人品味和文化偏好的问题吗？那么美实际上就不作为一种特定的属性存在于事物自身之中了，它将是在"观察者的视角"中。这种陈词滥调对柏拉图所描述的"美"的经验几乎没有任何公正可言，在柏拉图看来，美是一种经验，它的力量——爱的力量抓住了我们，让我们陷入困惑，改变了我们的生活。

柏拉图认为美既是存在于事物中的一种属性，它使事物变得美，也是一种复杂的心理反应，反映了体验美的人的灵魂的各个方面。美是事物的属性，从某种意义上说，美的事物之所以是美的，因为它们分有了一种理念，也就是美的理念，正如事物通过分有大的理念而是大的一样（《斐多》100bd）。因此，美是一种不同于其他理念的理念，一些事物分有它，从而变得美。柏拉图还分析了灵魂对美的存在的反应，特别是恋人对他所爱之人的美的反应。(《斐德若》249d–252a；参见《会饮》210a–211c) 他把这种反应看作是对恋人的灵魂在前世所看到的美的理念的回忆。通过它们对美的理念的分有，美的事物让我们回想起我们以前对更高的理念的世界的美好憧憬。在《斐多》的一些著名片段（251a–256e）中，柏拉图展示了对更高的存在的识别、记忆和渴望是如何以一种审美体验为基础的，这种体验的强度因灵魂的困惑和痛苦而增加，这种困惑和痛苦是由于灵魂寻求拥有一个挚爱而产生，而这种挚爱只不过是其所寻求的美的影像。

很少人能达到柏拉图在解释美的体验时的那种在艺术、情感和精神层面的深度。一种由斯多亚学派推广的更为乏味的进路，在古代占主导地位。对此，普罗提诺总结道："因此，有的人可能会说，所有人都断言，部分和部分之间以及部分和整体之间的一种好的比例，再加上好的色彩，造就了视觉美，对这些（视觉对象）和所有其他对象来说，美是一种比例和度量。"（I. 6. 1. 20–5）为什么要在美的定义中给好的比例加上好的颜色呢？也许因为在古代，人们认为好的颜色在本质上是美的。例如普罗提诺本人认为，好的比例并不一定足以使一张脸是美的。（I. 6. 1. 37–41）但是他也不认为添加好的颜色就足够了。（参见 VI. 7. 22. 27–9）

I. 6 [1] 是普罗提诺所写的第一篇论文，它在古典时代和文艺复兴时期成了普罗提诺最著名、最有影响力的作品。在这篇论文中，普罗提诺批判了斯多亚学派的美学理论，并发展了一种研究该主题的方法，这一方法很大程度上要归功于柏拉图，但它也有所开创。普罗提诺首先提出了以下关于美的问题：

那么，是什么让身体看起来很美，让声音很有吸引力——我们听起来觉得很美呢？所有这些接连从属于灵魂的事物，它们如何是美的呢？它们全部［美的事物］通过一种相同的美而是美的，还是说身体的美与其他事物的美不同？这些或这种美会是什么？（1. 7–13）

在第 1 节的其余部分，（1）普罗提诺对斯多亚学派的美学理论提出了批评。（2）然后他在第 2—3 节展开了自己对感知的美的描述。（3）在第 4—6 节，他对灵魂之美进行了探讨，从而得出结论，那个使得身体是美的东西（在第 2—3 节）与使得灵魂是美的东西是同一个。（4）这引导出在最后几节对太一作为爱美之人的终极目的的讨论。

1. 普罗提诺反对斯多亚学派的观点，即假如一个整体因为比例匀称而美丽，那么组成这个整体的诸多元素本身并不是美的，它们只是促成了整体的美。但是，这些部分也必然是美的吧？它们怎么能是丑的呢？（1. 26–31）这个论点不能令人信服。普罗提诺自己在其他的地方也运用了斯多亚学派的观点，即一个好的画家不会只使用漂亮的颜色，一部好的剧本既包括了英雄，也包括了劣等的角色。（III. 2. 11）斯多亚学派很容易承认，一个美的整体的某些部分可能本身并不美。或许可以这样回答普罗提诺：既然决定整体美的是各部分的比例，那么与这种美相比，各部分既不美也不丑。普罗提诺还声称，斯多亚学派的理论不允许简单的（非复合的）物体具有美，例如单独的颜色、光、金、闪电和单个的声音。（1. 32–8；参见柏拉图《斐勒布》51cd）对此，有人可能会反驳说，这样简单的物体实际上是复合物，但我们看到（或听到）它们是简单的，这也是事实；对我们来说，它们的美并不是用比例来表达的。普罗提诺继续（1. 41–53）抨击将灵魂中的美（德性、知识）解释为某种比例的合理性：它能是怎样的比例呢？是内在和谐还是具有一致性？但是一个人也可以在恶习和错误上保持一致！

2. 普罗提诺对斯多亚理论的批判并没有走多远。事实上，正如我们将要看到的，他愿意在这个理论中找到一些真理。然而，他更愿意采取另一个出发点，即我们对美的实际体验："某些事物甚至在第一眼就能被感知，灵魂仿佛在理解它，认可它，并适应它。灵魂看见丑陋就退缩，不喜悦，远离它。"（2.2–7）这些反应使人回想起灵魂的一种判断活动，这些活动与灵魂所具有的作为理智的影像而占有的先天概念有关。（参见 V. 3. 2. 11–16；4. 13–19；前文第三章第四节）因此，对于审美的判断如下："受命于它的［灵魂的］力量知道它，这是一种最能判断与它有关的事物的力量……或者对［灵魂的其余部分］说，适应它［灵魂］的理念，并在它的判断中使用它［理念］，就如尺之于［用于判断］直线。"（3. 1–5）如此看来，普罗提诺似乎紧紧追随柏拉图式的观点，即灵魂能认识到分有美的身体中的美的理念。

普罗提诺认为灵魂不仅是对一种理念，而是对整个理念世界的回忆："灵魂本性上是其所是，它与实在中更高层次的存在相联系，无论它看到什么与之相联系的东西，或这种联系的痕迹，都使它快乐；它感到震惊，把它和自身联系起来，回忆起它自己和属于它的东西。"（2. 7–11）柏拉图的《斐德若》中似乎也有对这种理智的普遍存在（而不仅仅是美的理念）的回忆，但普罗提诺从中得出了新的结论。如果灵魂在美的经验中回忆起了可知实在，如果这个回忆是由美的身体和可理知的存在之间的关系引发的，那么身体在分有了可知实在的意义上就是美的，可知实在在任何一种理念里，而不只是在一个特定的理念里，如美的理念。"我们说，正是通过分有理念，这些东西才是美的。因为所有那些没有形状但能够接受形状和理念，而不分有理性和理念的东西，都是丑陋的、外在于神圣理性的。这简直太丑了。"（2.13–16）理念使身体变美，并使我们对它们做出反应，就像我们在认出身体之中的理念时所做的那样。

可能会有人反对这一点说，分有理念的事物的范围远比美的事物的范围广：普罗提诺没有解释美的事物区别于其他身体的具体特征。一个对此的回应可能是指出分有理念的程度，根据事物分有理念的多少来决定美的程度。（参见 V.8.9.43–7）普罗提诺也拒绝接受美并非无处不在的解释。例如，与诺斯替教徒对世界的憎恨相反，他经常强调世界的大美。（参见 V.8.8）是的，对今天的我们来说，自然正被转化为我们欲望的表达和牺牲品，美的无处不在也许就不那么明显了。

普罗提诺的方法使他能够解释简单的美（光、颜色）：它们是由理念控制的物质。（I.6.3.17–28）他还可以把斯多亚学派的观点中的真理纳入其中，即好的比例在美中扮演着重要的角色：理念为良好的比例的形成负责——"当它接近时，那么，理念将许多部分组织成一个整体，使其成为一个单一之物，并通过［各部分的］协调使其成为一个整体"。（2.18–20）

3. 灵魂的非物质性之美是什么呢？是什么让它们如此之美？它和使身体美的东西一样吗？我们可能会问，像德性这样的非感知的事物能被恰当地说成是美的吗？希腊单词 kalos（"美"）可以表达美学价值和道德价值，它的意义范围当然表明感知的美和道德德性、理智德性之间的连续性。普罗提诺说，如果我们是盲人，就不能谈论视觉美，同理，如果我们从未接受过内在的精神美，我们就不能谈论它。（4.4–13）因此，他只是简单地假定我们在 I.6 中体验到了非感知的美（我们将在后文看到，他在 V.8 中提供了一些论据来支持非物质性的美这种说法），并试图找出是什么促成了这种美。

方法是探究其反面，即灵魂的丑陋。（5.22–5）"丑陋的灵魂充满了邪恶、无节制和不公正，充满了欲望，充满了混乱，由于怯懦而恐惧，由于小气而嫉妒……爱不纯洁的快乐，过着受身体影响的生活，视丑陋为快乐。"（5.26–31）是什么造成了这种丑陋？"混合，整合，倾向身体和物质。"（5.48–9）如果灵魂因为迷恋身体和物质而变得丑陋，那么它就通过净化和回归最初的自我而变得美：

> 因此，当灵魂被净化时，它就变成了理念和理性的原则，完全是无形的、理智的，完全属于神的，而神是美和所有这类事物的源泉。因此，当灵魂被提升为理智时，它会更美。理智以及一切与理智相伴的都是灵魂的美，是它自己的美而非别的事物的美，因为那时灵魂真正地仅仅是其自身。（6.13–18）

德性作为一种净化使灵魂变得美（参见柏拉图《斐多》69c），将灵魂带回到它自身和它在理性与理念中的起源。

如此一来，使身体变美的理智或理念（它们同一）同时也是构成灵魂之美的东西。分有并成为理念就是变成美的，这意味着理念不仅使事物变得美，而且它本身也是美的。真正美的是理念或真实的存在："美的东西是真实的存在。"（6.21）美是理智，太一是美的源泉。

  灵魂通过理智成为美。而其余的事物在被灵魂塑造时是美的，即在行动和追求中的［美］。的确，那些事物——例如被称为身体的东西——是由灵魂创造的，并因此而变成美的，因为灵魂是神圣的，是美的一个部分，当它把握并支配它们时，就使它们能够分有美。（6.27–33）

4. 在 I. 6 中，我们很快就把美与理念和理智联系起来，我们必须将目光转向 V. 8，以便进行更充分的讨论。在 I. 6，它直接引出了关于灵魂上升到太一的问题，因为对美的追求已经变成了对真正的存在及其本原的追求，即对太一或善的追求。物质和非物质性之美的体验被对善的欲求所强化和取代。（第 7 节）这一上升，用了两个堪比柏拉图水平的小节（第 8 节与第 9 节）来描述，它是由灵魂的净化而实现的，而正是灵魂使它变得美。

  退回到你自身来看。如果你还看不到自身是美的，那就像雕刻家一样，为了做一个美的雕像，除去这里，抛光那里，使它光滑而纯净……因此，你应该除去多余的，拉直弯曲的，净化黑暗的，使自身发光。（9.7–12）

使自身变美能使之接近所有美的源头——太一。

在 I. 6 的最后几行，普罗提诺把太一描述为初始之美，也描述为"超越"的初始之美，即可知实在。鉴于普罗提诺认为美等同于理念，我们认为后一种描述更为正确。在什么意义上，太一可以自身是美的或是美本身？这一问题将在后文中与 VI. 7 的某几节一起加以探究。

二、可理知的美（《九章集》V. 8 [31]）

在 V. 8 [31] 篇尾，普罗提诺问道："我所述的东西是否足以使我们对'可知的领域'（柏拉图《理想国》517b）有一个清楚的了解？还是有必要寻找另外途径再作一番论述？"（13. 22–4）因此，这一篇章论述了作为一种增加对可知实在的理解的方式的可理知的美。V. 5 [32] 是反诺斯替主义系列论文里位于 V. 8 之后的第一篇，它也追求同样的目标，从理智及其对象的统一这个角度来考察可理知的存在（参见前文第三章第三节），就像之前在论文 III. 8 [30] 的开头一样，这个世界被证明是从作为沉思的理智中衍生出来的（参见前文第七章第二节）。因此，这些探讨可知实在的不同方法就像普罗提诺所认为的那样，纠正了诺斯替主义的一个基本错误——对可理知的存在的真正本质的无知。（参见前文第七章第二节）

V. 8 以这样的建议开篇："让我们试着去看，并对自己说，尽可能多地讨论，一个人如何沉思理智及其世界之美。"（1. 4–6）为了做到这一点，普罗提诺首先提出（第 1—2 节），自然美和人造美来自其本身比它们更美的理念。由于产生这些东西的是灵魂（宇宙的以及个人的），他接着考察了（第 3 节）灵魂中的理念之美，并指出它起源于更高更美的理念，即理智。为了接近理智之美（即理智），普罗提诺在接下来的节次中探索了几条引导灵魂走向纯粹的理智活动从而走向理智的道路。

如果理念使感知对象变得美（关于这个话题，V. 8. 1–2 这里所说的，可以添加到我们在 I. 6 中能够找到的内容里），那为什么理念自身比这些物体更美呢？难道美不是理念的可感知的表达，因而它本身并不是美的吗？普罗提诺有许多理由说，理念比分有它的物体更美。可感知对象的物质性是无关紧要的，对物体变得美而言，它实际上是一种障碍（而非起促进作用），因为它限制了对理念的接受："因为［艺术家的］技艺中的［美］并没有走向那块石头，还是停留在自身那，而另一种［美］由它［产生］，但不如它。这种［低级的美］本身也不是纯洁的，也不是像它所希望的那样，而是在石头屈服于技巧的范围内［形成］的。"（1. 19–22）普罗提诺认为，艺术家可以接触到可理知的存在，他的作品是对理智之美物化的（因而是被削弱的）表达：

但是，如果有人因为艺术作品是模仿自然制作出来的而否定了它们的价值，我们首先应该说，自然事物是模仿其他事物的。人们还应该知道，它们不是简单地模仿可见的事物，而是超越了可见世界，模仿了产生自然的原则。然后，它们从自己那儿创造了许多东西，并且由于它们拥有美，它们还添加了缺乏的东西。菲迪亚斯（Pheidias）并非按照可感知的［模型］制作宙斯［的雕像］，而是按照宙斯希望出现在我们眼前的样子来构想他的形象。（1. 32–41）

这段话对艺术的哲学阐释和评价具有重要意义。柏拉图因谴责艺术家是理念的影像（感觉对象）的图像的制造者（《理想国》597b–598c）而被诟病。普罗提诺认为艺术家可以直接接触到可知实在，在其作品中具有创造性，因此他赋予了艺术很高的价值，并期待着艺术家得到崇高的地位，而这种地位直到很久之后的意大利文艺复兴时期才实现。然而，普罗提诺在这里的主要兴趣在于指出，艺术在物质性物体上所产生的美被物化了，被削弱了："所有都是从其自身中分有的。如果它是力量，它就来自力量；如果它是热力，它就来自热力；如果它是权力，它就是来自权力；如果它是美，它就是来自美。在任何情况下，第一个制造者都必然比被造者优越。"（1.27–31）由此可见，如果物质美是由理念产生的，而物化意味着对美的弱化，那么理念本身就比它所产生的感知的美更美。（也可见第2节）

如果灵魂中创造自然美和艺术美的理念比它的造物更美，那么它就来自理智，原因类似于刚才所给出的那些理由，理智必然更美，实际上它是原初的美。一个人怎样才能想象得到理智的非物质的美呢？普罗提诺建议用我们灵魂的理智，或者更确切地说是神圣理智，来净化我们对它的观念，从而得出一些关于纯粹理智是什么样子的概念："就好像一个人拿一件金制的东西作为所有黄金的象征，如果这个东西不纯净，就会净化它，用行动或言语表明它不是所有的黄金，而只是这一部分。"（3.13–16）接下来是一系列关于神圣的理智活动的反思。（第4—8节）一种人们已经普遍熟悉的"完美的理智活动"的概念出现了（参见前文第三章第三节）：它是不变的知识、存在的真理、透彻的自我认识、还无所不在。神圣理智的某些方面被强调：它不是一种从前提到结论的论辩性理智活动，因为它已经拥有并知道它的目标（第4—6节）；作为生产这个世界的智慧，它不策划或计划它的生产，但世界作为智慧的表达而出现（第7节）。

这一切对于非物质的美有什么意义呢？想象理智（或理念）的本来面目，就是设想纯粹的美。理念的美不是理念的某种性质，而是理念本身，作为神圣理智和它的对象的统一。普罗提诺强调美与理念的同一性，理念也是真实的存在：

> 但那里［可理知世界］的力量只有它的存在，只有作为美的存在。如果没有了存在，美又在哪里呢？如果失去了美，存在又将立身何处？因为失去了美，就缺少了存在。因此，存在是欲求的对象，因为它与美一样，而美是爱的对象，因为它是存在。既然二者同一本性，又有什么必要去追问哪一个是哪一个的原因呢？（9.36–42）

普罗提诺认为，如果我们仍然难以想象这样的美，那是因为我们没有处于一种使这种体验成为可能的状态。我们必须从仅仅是外在物质之美的旁观者转变为让自己变得美，转变为理智：

> 但是，那些没有看到整体的人只认识到外表的印象，而在另一种情况下，完全陶醉于琼浆玉露的人［参见柏拉图《会饮》203b］，由于美浸润了整个灵魂，他们不会再只是旁观者。因为对他们而言，不再有一个外在的旁观者在看一个外在的事物，看得敏锐的人在自身之中有所看的对象。（10.32–7）

或者，就像普罗提诺在这之前的几行中说的那样："他看到……

美是整体的，并在那里［可理知事物中］分有美。因为它照耀着所有的人，填充了那些来这里的人，所以他们也变得美，就像那些爬上高地的人，也总是被那里的土地的金红充满，就像他们所走的土地一样。"（10.23–9）对外在的和另一事物的美的体验，指向并被自己成为这种美的体验所取代，这是通过回归到最初的自我和理智而获得的，而对于理智之美，人们"看到"它的存在，就像理智"看到"它自己一样。用普罗提诺借以解释我们生活中的许多东西的话来说，审美体验成为运动——回到我们的内在自我以及回到自我知识的运动："每当我们是美的，这是通过拥有自己而达成的；当我们改换另一种本性，我们就是丑的。当我们不了解自己的时候，我们是丑的；了解自己时，我们是美的。"（13.19–22）

三、美与太一（《九章集》VI. 7 [38]）

在 I.6 中，普罗提诺提到了美与太一之间的关系，但没有就此问题详细讨论。太一是美的还是美本身？还是说，作为理智的原因，它"超越"或先于美？既然我们称太一为善，那么美与善之间的关系又是什么呢？

写就 V. 8 后不久，在 V. 5 [32]. 12 中，普罗提诺对美与善的区分非常清楚。对美的爱比对善的爱受到更多的限制：对善的渴望既是有意识的，也是无意识的，但是对美的爱是以对它的意识为前提的（12.9–16）；善可以满足所有的欲求，而美似乎不是终极的、普遍的欲求对象（12.19–25）。美甚至可以分散我们对善的注意力："它

[善]是温和的、善意的、更微妙的，呈现在希望它的人面前，而[美]则包含着惊奇、震惊、快乐与痛苦的混合。确实，它把那些不知道的人引离美好，就像被爱的年轻人被[吸引]着远离父亲。"（12.33–7）这种美对善的从属关系与普罗提诺稍早些（在 V.8 中）的论点是一致的，即美是理念（或理智），因此不如善，善是超越理念的太一。

然而，美与善之间的区别不应被压缩到忽视理智作为太一的力量表达的地步。这一状况稍后将在 VI.7 [38] 中与美有关的部分得到说明。普罗提诺在那里说，是美之中善的存在（"光""恩典"或"生命"）感动着我们，我们渴望着它。（22.11–18）可理知的美的吸引力来自善赋予它的光或者"颜色"。因其超越理念，善是无形的、无限的，对它的爱也相应是无限的。（32.24–8）作为可理知的美的来源，它可以被描述为"美之上的美"。如果它不是某物，那它会是何种美？但作为爱的对象，它会产生美。因此，作为一切的力量，它是美的花朵，美的创造者。（32.29–32）在后文中（33.20），普罗提诺指的是"超越美的"善。这应该提醒我们，讨论的主题超出了知识和描述的范围（参见前文第五章）。我们可以把太一或善说成"美的"或"美"，因为正是它的存在、它的光或"颜色"产生了事物的美。正是理念的光或"颜色"，产生并照耀着匀称的身体之美；正是善之光，产生并照耀着可理知的美。那么，在某种意义上，我们可以说这种光的来源是"美之上的美"。

（宋泽豫　译）

第十章

灵魂的回归：哲学与神秘主义

一、生活的目标

前面各章所讨论的许多内容都与达成对人类状况的理解有关,如普罗提诺所见:我们是源自神圣理智的灵魂,我们的本性是作为太一的一种表达去组织并完善物质性的存在。然而,我们对太一(善)的爱——一切有价值的东西都来自于此——可能会被我们对我们的作品,对物质事物的迷恋所遮盖,这种迷恋会使我们忘记自己,变得无知、邪恶和不幸。从罪恶和痛苦中解脱出来的方法是把我们的注意力转回太一,并尽可能地接近它。在更仔细地研究回到太一的实现方式之前,我们不妨先将普罗提诺关于人类幸福的观点置于希腊伦理理论的更广阔背景下,这可能是有益的。

人们常说,希腊伦理理论关注的是幸福,也就是说,它主要处理那些让生活令人满意、成功和完整的事情,而这些要素就构成了"eudaimonia"(幸福),这个术语可以用"well-being"或"happiness"(有点无力且主观)一词来翻译。由于人们对什么构成幸福,以及什么是人类的善有不同的看法,古代哲学家们主要关心的是确定这种善的本质。我们现在所认为的伦理或道德原则,即德性和恶习,都被他们当作次要的东西来对待,因为人们认为德性只不过是人达到善的恰当方式。

乍一看,柏拉图似乎对幸福有不同的看法。一方面,他追随苏格拉底,认为幸福要在社会和政治生活中实现:它参与一个城邦的生活,在这个城邦里,所有的行为都基于对道德原则的真正知识。另一方面,尤其是在《斐多》中,他有时暗示幸福在于逃离身体和对更高存在的理念的美好想象中。这两个概念在《理想国》的乌托邦中紧密结合在一起：摆脱物质世界和对理念的想象是理想城邦中未来领导者所要采取的行动，以便他们能根据理念的知识（尤其包含善的理念）来治理城邦的生活。幸福是人和社会的正常运转，对人来说，它让人的欲望和行动受理性的控制，对社会来说，它让公民的需求受统治者管理，而统治者则知道理念并受理念的指导。

亚里士多德对幸福问题的处理方式与柏拉图的类似：幸福是人的本性及其产生的政治结构的正确运作。亚里士多德当然反对柏拉图的理念：他认为，不存在从身体中"逃脱"去沉思理念的问题。德性和人类的善可以通过观察人本性运作的好状态来了解。然而，当亚里士多德认为理智是人神圣的要素时，他自己说，最大的幸福，即对人而言最高的善，是沉思或知识性的生活，这是一种神圣生活的特征（《尼各马可伦理学》[Nicomachean Ethics] 10.7–8）。现代的亚里士多德评论家并未就以下问题达成一致意见，即亚里士多德对人们像诸神一样生活的呼吁如何与其关于幸福的观点相调和，其幸福观认为人作为"政治动物"的正确运作涉及社会，需要拥有家庭、朋友和物质财富。

对于斯多亚学派和伊壁鸠鲁学派来说，好的生活也是一种正确运作，或者说是与自然相一致的运作。当然，他们对自然的看法是有分歧的。对斯多亚学派来说，顺应自然的生活意味着服从内在的理性神强加给世界的秩序，并且要作为我们能力范围内的判断与行动的主人去行事（因为我们也分有神圣理性）。伊壁鸠鲁主义者认为人出现在一个由不稳定的原子群组成的世界里，他们最多只能希望尽可能地保持自己的本性，保护它不受干扰和破坏，从而过一种清醒的、痛苦较少的生活，他们将其称为快乐。这种生活是神圣的，因为它在一段时间内近似于（在两个世界之间）由神的精细原子组成的化合物所享受的完美生活。

因此，当普罗提诺把人的善——生活的目标认定为神圣化、"与神同化"（柏拉图《泰阿泰德》176b，被普罗提诺引用于 I. 2 [19]. 1. 4 以及 I. 4 [46]. 16. 10–13），他所提出的这个观点是其他许多古代哲学家也可能提出的。反过来，他也可以接受这样一种说法，即善对人来说是根据本性来生活。但是，他理解这一说法的方式反映了他对我们的本性与它和实在之间的关系独特的新观点，这些观点可以概括如下。

我们的本性不是在实在结构中占据固定的位置的某些特定的实体。作为个体灵魂，我们本质上是流动的。我们可以通过对世界的各种关心，从拥有神圣理智的生命坠入一种自我贬低且受物质奴役的生命。我们是可能过如此广泛的生活的，因为作为灵魂，我们如何行为就如何是我们自己：我们可以像野兽一样残忍而无理性，我们也可以像神圣理智一样进行思考，从而成为神圣理智（关于这一点，参见 III. 4 [15]）。这种流动的变化的自我，锚定在可理知的世界。无论我们为自己创造什么样的生活，我们都与上述的那些东西联系在一起：

> 如果有必要的话，违背其他人的观点，敢于更清楚地说出似乎符合事实的情况，即所有灵魂——甚至是我们的灵魂，都不是完全坠落的，它的某一部分始终留在可理知的领域。但是，如果处在可感 [世界] 的这部分成为主宰，或者说它被主宰，并且处于混乱之中，那么它就使我们对灵魂的高级部分所沉思的事物一无所知。（IV. 8 [6]. 8. 1–6）

普罗提诺最初的想法是，我们的一部分仍然是可理知的（这个想法通常被后来的柏拉图主义者所拒绝），这表明我们与一种超然的意识有着永久的联系，而这种意识可以被我们当前的专注所隐藏。我们总是可以回到神圣理智的生活中。这只需要我们改变我们生活的关注点，改变我们行动的层次，使其与神圣理智的生活相一致。

我们本质的动态结构可以追溯到灵魂作为太一的活动和沉思（通过理智）的存在。灵魂不是固定的、坚实的东西，而是一种来自太一同时又转向太一的生命。我们作为朝向太一的运动而存在。我们的本质是一种"与神同化"的运动。按照我们的本性生活就是寻求超越我们自己，神化我们自己。这意味着作为神圣理智生活，这就是普罗提诺在一篇论文（I. 4 [46]）中对幸福这一主题的论述。

显然，神化的运动不能在这里停止。太一仍然是所有愿望的最终目标，也是欲望的最终目标。只有与太一结合，才能完全实现我们本性的运动。普罗提诺在其最出色的文章 VI. 9 [9] 中，对最终的幸福以及通往幸福的途径进行了描述。

二、回归太一

普罗提诺经常提到与太一结合的有关方法和问题。为了方便起见，我们可以把达到这一目标的过程分为三个阶段：（1）回归到作为灵魂的真正自我；（2）获得神圣理智的生命；（3）与太一结合。

1. 从我们大多数人的立场出发，普罗提诺试图提醒我们自己是什么。获得这种洞见的前提是我们控制了我们身体中的激情，这可以通过实践普罗提诺所谓的"公民"德性来实现（I. 2 [19]. 1–2），"公民"德性即柏拉图在《理想国》（4. 428b–444a）中定义的智慧、勇敢、节制和正义这些德性。这种控制可以使我们从精神上脱离对物质的关注（I. 2. 3–6：这种脱离与《斐多》69bc 中提到的净化德性相一致），因此我们发现自己是灵魂，是独立于身体并先于身体的神圣实在，它创造了身体，并赋予其善和美。通过那些展示了世界的构成及其灵魂的起源的论证（如前文第一章所总结的那样），我们走上了自我发现的道路：

> 所以，如果我们想要让灵魂转向与之相反的、更为本原的事物，引导它们趋向至高者、太一和太初，那么我们必须从两个方面向有此倾向的人阐述。哪［两个］方面呢？一方面，我们要揭示灵魂现在所重视的那些事物是多么缺乏价值——我们将在别处充分论述这一点［普罗提诺在《九章集》里似乎没有这样做］；另一方面，我们要教导并提醒灵魂它的起源和价值。（V. 1 [10]. 1. 22–8）

因此，普罗提诺关于灵魂与身体之间的区别以及身体对灵魂依赖性的论证，都不仅仅是论证：它们是使灵魂回归自身的方法。"而且这种证明方式就是一种引导。"（I. 3 [20]. 1. 5–6）灵魂在物质世界中对自己的遗忘并不是一个简单的疏忽；它是一种生命的堕落，因为知识对它来说是一种更高层次的生命。使灵魂认识自身就是转变它的生命，使它的生命接近善的层次。而去认识就是去生活在更高的层次。

2. 这些论证让我们走得更远。它们不仅向灵魂展示它是什么；

还使灵魂认识到，它所拥有的知识是派生出来的，来自一种更高形式的思维，即神圣理智——与它不同，理智不需要通过漫长的逻辑过程，而是以一种不同的、更优越的方式拥有知识（参见前文第三章）。这些论证，就像那些让灵魂自我发现的论证一样，是自我转变的技术：灵魂被引导到另一种思考的道路上，那是神圣理智的特征。这样它就变成了理智；它现在就是这么做的。

普罗提诺在著名的一段中提到了这种成为神圣理智的状态：

> 很多时候，我从身体中醒来，置身万物之外，进入我自身，看到一种奇妙而伟大的美，我当时尤为确信自己是更高的领域的一部分。我确曾有过最好的生命，与神成为一体，基于此而走向那一实现——使自己凌驾于其他一切可理知存在之上，然后从这神圣的处境下降，从理智坠入到推论性理性，我很困惑曾经和现在我怎么会下降，我的灵魂怎么会在身体中。（IV. 8 [6]. 1. 1–10）

许多读者（无论是古代的还是现代的）都把这一段文字看作是普罗提诺所经历过的与太一结合的多次体验之一。然而，文段开头的"很多时候"一词，并不是与多次结合的经历有关，而是与多次困惑的状态有关（"很多时候……我很困惑……"）。[1] 此外，这段文字所描述的实际经历是与理智的结合。习惯的力量使我们假定普罗提诺所有结合的经历都是与太一的结合经历，因此将这一文段解

---

[1] 比较一下常用的短语"很多时候，我疑惑"，这是一种用于一本书或章节开题的文体手法（在我们所选取的普罗提诺段落中也是一样的），例如在 Xenophon, *Memorabilia* 1. 1，或在 Marcus Aurelius, *Meditations*, 12. 4 中。

读为与太一结合的例证。

应该注意的是,如果哲学论证促进了我们生活的转变,使我们变成理智,那么这些论证也必须被抛弃:它们利用了逻辑过程,而这不是完美的理智知识所必需的。《九章集》的读者必须把这些不再适用的论证放在一边。

3. 这尤其适用于与太一结合的最后一个阶段。推理给我们带来作为灵魂的自我知识并指出通往理智之路,却在我们与太一的最终结合步骤中起不到任何作用。理性甚至可能阻碍人们超越理性而生活。由于太一超越了所有的知识和语言(参见前文第五章),普罗提诺几乎无法谈论与太一的结合:

> 因此,柏拉图说,"它不能被言说"或"书写"[柏拉图《第七封书信》341c],但是我们言说和书写它,这是为了趋向它,使其从语言[或解释]中醒来,转向对它的沉思,好像在给某个希望看到某物的人指明道路。但我们的教诲最多只能指明道路和行程,真正的看得由那已经决意去看的人来完成。(VI. 9 [9]. 4. 11–16)

普罗提诺只能建议将自己净化为理智,清除所有可能使我们与太一分离的障碍或分歧(VI. 9. 7;参见 I. 6. 9),在沉默中等待(参见 VI. 7 [38]. 34)。为了形象化所发生的事情,我们可以参考希腊神秘宗教的入会仪式(VI. 9. 11)。但这样的比照是不够的:

> 因此,教导我们的是类比、否定、对从它[太一]而来的事物的知识,以及走向它的每一个阶段。然而让我们上路的是净化、德性、

秩序，我们接近可理知的世界——在那里安身，并享受那里的一切。人一旦成为沉思者，成为他自己以及别人沉思的对象，成为存在、理智和"完整的生命体"［《蒂迈欧》31b］，他就不会再看外面了。成为这些之后，他就接近了，接下来，它［太一］近在咫尺地照耀着整个可理知世界。现在抛弃所有知识，经由教育上升，又立足于美，直到这一阶段他还在思考。随后，理智的巨浪汹涌而来，把他带出了思想，巨浪翻涌，把他抬升到更高处，可以说他突然看见了，但不知道是怎样看见的。光充满他的眼睛，并没有使他透过光看见其他事物，他所能看见的唯有光本身。（VI. 7. 36. 6–21）

与太一的结合提出了许多难题，特别是如果我们希望将其与各种宗教神秘经验进行比较。例如，与基督教神秘主义者的经验相比，与太一的结合可能意味着自我的湮灭，而在基督教版本中，无论结合体验的强度如何，都必须保持造物主与被造物之间的区别。如果这个议题值得比在这里所作出的更多的讨论，那么至少应该注意到，普罗提诺自己并不认为自我与太一的完全结合意味着自我的湮灭。（参见 VI. 7. 34）

三、哲学与神秘主义

我们可以在 VI. 9 以及普罗提诺的其他篇章中，找到许多出现在重要的基督教神秘主义者的著作中的词汇、意象和方法，这些著作者包括尼撒的格列高利、奥古斯丁、伪狄奥尼修斯（Pseudo-

Dionysius)、埃克哈特大师（Meister Eckhardt）、圣十字约翰（John of the Cross）、雅各·波墨（Jacob Boehme）等。那么我们是否应该将普罗提诺称为"异教的神秘主义者"？"神秘经验"对其哲学有什么重要性？鉴于这种经验，他在什么意义上可以被称为哲学家？由于这些问题容易导致歧义和混乱，因此在考虑这些问题时牢记以下建议可能会很有用：

1. 讨论普罗提诺作为哲学家的立场的合理做法，不是与维特根斯坦（Wittgenstein）等现代（尽管勉强算是）学院派哲学家所采纳的标准有关，而是与其他古代哲学家所代表的标准有关。

2. 普罗提诺对自己的世界经验和对论证的运用，与古代哲学的普遍做法不相上下，有时一样好，有时也一样差。

3. 他认为经验分析和逻辑推理都是必不可少的。对他来说，与太一结合没有宗教捷径。我们必须研究哲学，必须达到哲学的目标，达到真正的、充分的理解，然后才有可能与太一结合。

4. 即使推理是不可或缺的，它也是不足够的。它是一种手段，而不是目的本身。它是一种运动，一种通向超越自身的生活的欲望形式。

5. 普罗提诺以世界经验和推理作为转变我们生活的方法，追求一种具有古代哲学特征的目的。苏格拉底、柏拉图、斯多亚学派和伊壁鸠鲁都把知识用于改变我们的生活。即使是那些否认知识可能性的怀疑论者，也把这种否认看作是生活的转变。并且亚里士多德的《尼各马可伦理学》以人对幸福的普遍渴望开篇，他试图给我们提供方法去实现这一目标；而《形而上学》以人对知识的普遍渴望开篇，他着手勾勒出知识的最高形式，完全拥有这种知识就代表着神圣的幸福。

6. 普罗提诺如此有说服力地谈到与太一的结合，以至怀疑他本人有这种结合的经验似乎都是不合理的。这种经验显然是鼓舞他写作的强大力量。这种经验可被称为"宗教的"吗，这是他在这些论文中为其赋予哲学外衣的对神的一种体验？这个问题需要认真对待。太一的经验是从物质世界的经验到灵魂和理智自知这一系列经验的顶点。经验与推理并不是对立的。推理是一种生命形式，是一种经验形式，它产生了与太一的结合，并且这种结合反过来又在推理中表达出来。关于宗教，普罗提诺的态度可以从他对诺斯替主义的敌意以及拒绝与阿麦利乌斯和波斐利一起参加各种祭祀仪式可看出（参见导言部分第一节）。然而，与在他之前的柏拉图、亚里士多德和斯多亚学派一样，他准备在传统的（异教的）宗教中找到一种普遍的真理表达方式，作为一位哲学家和柏拉图的追随者，他希望对此加以解释（例子可见 II. 9. 9. 26–43）。

以上几点旨在帮助读者避免误植时序，特别是现代二分法的不恰当应用（"神秘的"与"理性的"，"经验的"与"思想的"），并给出普罗提诺自己的观点。因此，它们可以作为讨论本节开头所提出的问题的基础。

四、逃避的伦理学和给予的伦理学

普罗提诺的"神秘主义"主题还包括一个需要进一步关注的问题。普罗提诺在追求与太一的结合时，提倡一种禁欲的、超脱世俗的态度：我们必须远离这个物质世界，远离与它的任何牵连，以便能够过一种超然的生活，即理智的生活和太一的生活。他的伦理学是一种逃避世界的伦理学（参见上文第二节）。在这方面，我们可以得出这样的结论，普罗提诺并不忠于柏拉图，因为柏拉图致力于改善我们现在的生活，为此，他在《理想国》和《法义》中阐述了一种政治哲学，而普罗提诺的逃避伦理学没有给政治留下空间。泰勒（W. Theiler）曾说过，普罗提诺是柏拉图的减损版，一个"没有政治的柏拉图"。[1]

这只是部分正确的。诚然，在普罗提诺的著作中，我们并没有像在柏拉图和亚里士多德的著作中那样，发现他广泛地讨论政治结构、现实和理想——作为人类之善可能的实现方式。普罗提诺回顾了柏拉图的《理想国》（上文第二节）中的公民德性，但如果与他对形而上学和灵魂学之类的问题的讨论相比，他对政治问题的关注是微乎其微的。然而，这并不意味着普罗提诺的态度是完全超凡脱俗的，是丝毫不关涉政治的。下面的一番话可以更清楚地说明这一点。

我们应该记住，普罗提诺的作品大概是针对这样一群读者的，对他们来说，逃避伦理学是合适的，是值得追求的，他们不清楚自己，不清楚自己生活的目的，也不清楚自己欲望的真正目的。在读过《九章集》之后，如果这样的读者成功地与太一进行了结合，那么另一种伦理学就有意义了，我们可以称之为给予伦理学：

---

[1] W. Theiler, 'Plotin zwischen Platon und Stoa', in *Les Sources de Plotin*, Entretiens sur l'antiquité classique 5 (Geneva, 1960), 67.

……抛弃所有外在事物，[灵魂]必须完全转向内在的东西……漠视……甚至它自己，这样才能出现在它[太一]的视野中，与它同在。长久地与它同在，如果可以的话，像它一样，告诉他人这样合一的生活。像米诺斯（Minos）这样的人也许体验过这种合一，故事里是这么说的[荷马《奥德赛》19.178–9]，他被称为"宙斯的朋友"。他回想起这种生活，制定了作为其影像的法律，受与神的亲密接触的激励而立法。或者他也有可能认为政务配不上他，他只想永远停留在高处。（VI. 9. 7. 17–28）

太一（善）的构想可能（但不一定）会导致传递善的愿望，这可以在政治层面（以善的形象进行立法）实现，也可以在个人层面通过给予他人智慧和德性的榜样来实现。（参见 I. 2 [19]. 6. 8–12）

波斐利称普罗提诺未实现的目标是建立一个理想的城邦，即柏拉图式的城邦。（参见导言部分第一节）但是波斐利所写的《生平》表明，普罗提诺几乎完全是在个人层面上发挥作用，作为其朋友们和追随者们的榜样和向导。我们可以把他的教学和写作活动看作是给予伦理学的一部分。如果说《九章集》向读者提出了一种逃避伦理学，那么《九章集》本身就是给予伦理学的产物。

我们最后可能注意到，这两种伦理学使人想起普罗提诺思想中最基本的两个运动：一个是作为宇宙力量的灵魂的运动，它在与事物相分离以及朝向太一（"逃避"）时起到组织和完善事物（"给予"）的作用；另一个是一般实在的运动，它由太一的流溢和回溯太一的活动组成。这两个运动通常并不是分离的，它们是产生一切事物的动态过程的两个方面。然而，在一些灵魂中，它们已经分离了。

这些灵魂,也就是我们的灵魂,迷失了朝向太一的方向,因此需要一个纠正的运动,即逃避。这种逃避和我们与太一相结合的愿望,或许可以通过一种更平衡的活动来实现,那便是,在智慧之光下,关心和改善我们的生活和世界。

(赵哲崇 译)

结语：西方思想中的普罗提诺

与欧洲大陆的很多哲学家不同，英国和北美的哲学家在本世纪的大部分时间里都倾向于将普罗提诺视为非理性的神秘主义者或神秘的形而上学家，即在西方思想传统中边缘化和微不足道的人物。而这种如今正在改变的态度，一方面源于对普罗提诺作品和历史的单纯无知，另一方面源于选择只关注过去某些方面的狭隘视角，以及源于严格和非宽容的哲学立场，这种立场不允许任何形而上学的东西存在。除了这些偏见，还有一些关于普罗提诺的陈词滥调，它们或是有意或是无意地从基督教的论战中流传下来，例如，他被视为"泛神论者"，他的神出于必然性而非自由地产生（参见前文第六章第四节），从字面意义上说这种产生即流溢。当代关于普罗提诺的研究应该致力于使这种误解更难以继续受到重视。现代研究也表明，普罗提诺的哲学对西方文化史而言具有重要的意义。在此，有必要简单介绍一下这些研究的成果。

一、《九章集》的历史要素以及这些要素的影响

普罗提诺在罗马的学园似乎没有在他死后保存下来。然而，波斐利竭尽全力地宣传他老师的作品，不仅出版了传记和他的编辑本（《生平》和《九章集》），还出版了这些论文的摘要、评注以及入门性质的手册《通往理智的教谕》（*Sententiae Ad Intelligibilia Ducentes*），这些很大程度上是对《九章集》的摘录。波斐利的学生扬布里柯（Iamblichus）在叙利亚建立了一所有所成就的哲学学园，并对波斐利和普罗提诺提出过有力的批判。如果说扬布里柯为古代

哲学带来了新的观念和新的方向，那么其柏拉图主义的形式则要将哲学基础归功于普罗提诺。扬布里柯鼓舞了另一所雅典哲学家学园，其最重要的成员普罗克洛（Proclus，卒于485年）在撰写有关《九章集》的评注（其中的一些片段得以保存了下来）时，向普罗提诺表达了特别的敬意。在雅典学园受过训练的教师，转而为亚历山大里亚的新柏拉图主义哲学提供了新的动力，普罗提诺曾经在那里做过研究。雅典学园最终于529年被早已信奉基督教的帝国所关闭，但其中一些更为杰出的成员在短暂流亡波斯之后继续写作，现在人们认为他们有可能在边境小镇哈兰（Harran）将学园传统延续到伊斯兰时期。而亚历山大里亚的新柏拉图主义者，其中一些是基督徒，则设法在529年后继续教学了一个世纪。

我们现在对叙利亚、雅典和亚历山大里亚的新柏拉图主义学园非凡的活力和多样性有了更好的认识。它们是古代哲学史最后的伟大思想运动。即使它们有普罗提诺之外的灵感来源，普罗提诺对柏拉图的连贯而具有说服力的解释，以及对亚里士多德和斯多亚哲学的成功应用，他那包括许多深远的含义以及诸多难题与困境的综合成果，这一切都给了它们反思的坚实基础，以及向各种方向发展的灵活性。通过这些学园，普罗提诺影响了许多哲学流派的诞生，这包括拜占庭和伊斯兰世界的哲学，以及中世纪和文艺复兴时期西部拉丁语世界的哲学。在这些时期与地点进行哲学反思所必不可少的出发点，是运用古希腊哲学。新柏拉图主义提供了接近古希腊哲学的路径，也影响了运用古希腊哲学的方式：柏拉图和亚里士多德哲学的阅读形式是，它们被纳入新柏拉图主义的课程中，同时伴有新柏拉图主义的评注。相对而言，直到上个世纪才出现一种努力，旨在舍弃普罗提诺与其继承者的调和，从而独立地阅读柏拉图与亚里士多德哲学。

但是，让我们回到古典时代晚期，来思考普罗提诺在其哲学学园之外所产生的影响。在那段时间里，哲学代表着最高水平的教育，并且只有受过良好教育的基督教神学家才十分熟悉主流的哲学运动及其创始人，即新柏拉图主义与普罗提诺。阅读和引用《九章集》的，有用希腊文写作的著名神学家，如凯撒里亚的尤西比乌斯（Eusebius of Caesarea）、巴西尔（Basil the Great）、尼撒的格列高利，也有用拉丁文写作的安波罗修（Ambrose）和奥古斯丁。奥古斯丁在4世纪80年代还是一个青年人时首次阅读了普罗提诺作品的拉丁文译本，这个译本是由罗马的一位修辞学家马里乌斯·维克多里努斯（Marius Victorinus）在几十年前译出的。这次阅读改变了奥古斯丁的人生：它为奥古斯丁皈依基督教开辟了道路，并首先对他的思想产生了重大的影响。当奥古斯丁成为主教和有影响力的教会领袖时，他试图限制来自普罗提诺的越来越大的影响。然而，临终前最后几日宽慰他的话却仍然来自普罗提诺（《九章集》I. 4. 7. 24–5），正如为他作传的波西狄乌斯（Possidius）所提及的那样。的确，基督教神学因发展于古典时代晚期，彰显了普罗提诺的影响：高度强调神圣性的无形及其非物质的全能（参见前文第二章第五节）；看重人类灵魂和内在自我，以及通过内在道德和精神的上升来回归自我和神；将恶解释为善的匮乏和远离（参见前文第八章）；将一切实在视为来自神并回归于神。与此同时，基督教作家也试图使普罗提诺的思想从属于他们的宗教信仰，或者完全拒绝他的思想，因为他并未持有基督教信仰的核心教义：三位一体、耶稣的道成肉身、十字架刑、复活，以及恩典的必要性（参见奥古斯丁《忏悔录》7.9）。

罗马帝国东半部分拜占庭一直存续到1453年土耳其人攻陷君士坦丁堡，那里的许多著名知识分子都阅读过普罗提诺的作品。其中最有影响力的是哲学家和政治家米海尔·普塞卢斯（Michael Psellus），他使普罗提诺成为风行于11世纪的作者。普塞卢斯摘录了许多《九章集》的内容，并阅读了普罗克洛对《九章集》的评注。在一个个人身份与基督教信仰紧密相连的国家里保持对异教智慧的热情，这在政治上是十分危险的：普塞卢斯小心翼翼地与异教的文献保持距离，但他的一些追随者却没能逃脱迫害。拜占庭的其他学者则出于宗教和哲学的原因更喜爱亚里士多德，并批判了普罗提诺。我们应将《九章集》最早的手抄本归功于12至13世纪拜占庭的学者与抄写者的奉献。在拜占庭崩溃的前夕，另一位学者兼哲学家柏莱图（Pletho）在（新柏拉图主义化的）异教中看到了他对希腊文化的最后一丝希望，他的学生贝萨里翁（Bessarion）在佛罗伦萨大公会议（1438年）后移居意大利时收集了一些手稿，但从这些希腊手稿（包括普罗提诺的）中获益的是意大利人文主义者。

在更远的东方，在中世纪的伊斯兰世界里，普罗提诺享有着"匿名的力量"（罗森塔尔[F. Rosenthal]语）：他本人鲜为人知，但他的作品广为流传。《九章集》的第4到第6卷以阿拉伯释义[①]的各种方式传播：作为"亚里士多德神学"（哲学家肯迪[Al-Kindi]、法拉比[Al-Farabi]、阿维森纳[Avicenna]等人用语）；作为"神圣科学书信"；作为被许多作者所引用的"希腊老人（或哲人）"

---

① 在 *Plotini opera*, ed. P. Henry and H.-R. Schwyzer (Brussels, 1959), vol. ii 可方便地获取英文版本。

的作品。"亚里士多德神学"两个版本中的一个保存于用希伯来语写就的阿拉伯文本中，并且有其他迹象表明生活在伊斯兰世界的犹太作家也在使用这份"神学"。

与同时代的拜占庭和伊斯兰学者相反的是，中世纪的西方思想家却对《九章集》没有直接的了解。马里乌斯·维克多里努斯的拉丁文译本在古典时代晚期后便没有保存下来，而15世纪之前，也没有西方思想家尝试翻译普罗提诺的作品。然而，在安波罗修、奥古斯丁和另一位古典时代晚期的作者（异教徒）马克罗比乌斯（Macrobius）的作品中，普罗提诺的作品被频繁提及、引用、摘录以及改编。因此，中世纪的思想家，例如托马斯·阿奎那（Thomas Aquinas），意识到了普罗提诺的身份及其重要性，感觉自己能够讨论其思想，尽管这种讨论是间接的。这种对普罗提诺的经过筛选的呈现，因两位古典时代晚期的基督教作家在中世纪广受欢迎而有所发展，这两位作家分别是波爱修斯（Boethius）与普罗克洛的一位神秘的基督徒学生（现被称为"伪狄奥尼修斯"），他们的灵感来自雅典和亚历山大里亚的新柏拉图主义学园。通过阅读这些作者的作品，西方中世纪的柏拉图主义者，例如约翰·司各脱·埃里金纳（John Scotus Eriugena）可以间接地接触普罗提诺的思想，即使他们对《九章集》没有直接的了解。

我们知道，15世纪上半叶的意大利学者以及人文主义者收集了一些希腊文手稿，其中就有现存的《九章集》抄本。正如他们的中世纪前辈一样，他们意识到了普罗提诺的重要性。但是他们彼时已经可以直接引用普罗提诺的作品了，如弗朗切斯科·菲莱尔福（Francesco Filelfo）于1467年，以及阿尔吉洛波罗斯（Argyropoulos）

早已在1457年所做的那样。当斐奇诺于15世纪60年代在佛罗伦萨附近开始创作其重要的柏拉图拉丁文译本时，他阅读了《九章集》（他将普罗提诺视为柏拉图重生），注释了普罗提诺作品的两份希腊文手稿，并汇编了摘要与总结。他在15世纪60年代到70年代的著作（《〈会饮〉评注》［Commentary on the Symposium］与《柏拉图神学》［Platonic Theology］）显示出了他对《九章集》的透彻了解。1484年，在完成了与柏拉图作品相关的工作后，他转向了对普罗提诺作品的翻译与评注。他声称自己这么做的动力是来自乔瓦尼·皮科（Giovanni Pico della Mirandola）。但是，借用新柏拉图主义的术语来阅读柏拉图，他肯定在此之前就有了这个想法。1492年，他的《九章集》拉丁文译本及其评注得以印刷出版。这是一个了不起的成就。在它出版将近4个世纪之后，人们才感到有必要重新翻译，时至今日，学者们仍在参考这一版本。在用拉丁文呈现普罗提诺及其他新柏拉图主义者思想的过程中，斐奇诺向他的同时代人提出了一种他认为可与基督教相兼容的哲学，而亚里士多德哲学则无法通过这一方式兼容：对亚里士多德哲学的深入研究会激发出对基督教创世论以及人类灵魂在死后存留观点的挑战，因此，对亚里士多德哲学与基督教信仰的综合在中世纪变得越来越脆弱。斐奇诺塑造的普罗提诺流传于意大利、法兰西、西班牙以及英格兰的人文主义者之间。1519年，当拉丁文版本的阿拉伯"亚里士多德神学"出版时，普罗提诺则又以另一种（变相的）样貌呈现。因此，它被包含在了16世纪亚里士多德作品的众多版本中。虽然人们经常怀疑这一版本不应归到亚里士多德名下（例如，马丁·路德就曾质疑），但直到1812年才认定它确实源自普罗提诺。1580年，希腊文版本的《九章集》得以第一次印刷出版。

斐奇诺在16世纪对柏拉图主义哲学的复兴在世界范围内取得了成功，而在随后的两个世纪里出现了退潮，对普罗提诺的关注也有所下降。造成这种情况的因素包括世俗理性主义的发展（斐奇诺曾将普罗提诺与基督教联系在一起），在神学上拒绝基督教信仰的柏拉图化，以及在阅读柏拉图作品时对新柏拉图主义方法的学术性的拒斥。不管怎样，普罗提诺还是受到了某些学者的青睐：他的作品在17世纪被剑桥大学的柏拉图主义者拉尔夫·卡德沃思（Ralph Cudworth）与亨利·莫尔（Henry More）阅读并使用，而在18世纪，他的思想引起了贝克莱（Berkeley），并在该世纪末引起了歌德（Goethe）、谢林（Schelling）和黑格尔（Hegel）等人的关注和赞赏。黑格尔的同事克罗伊策（F. Creuzer）出版了普罗提诺作品的两篇，即《九章集》的 III. 8 和 I. 6，它们的内容与德意志观念论哲学的关注点很接近，他同时意识到这是出版一部完整的普罗提诺作品新版本的好时机，并在1835年与莫泽（G. Moser）一起出版了全新版本。在他之后，诸多杰出的德意志学者开始校勘、翻译并解释普罗提诺的作品。与之同时代的法国人、黑格尔的推崇者维克托·库赞（Victor Cousin）在法国也激发了一种类似的新柏拉图主义学术传统，这为亨利·柏格森（Henri Bergson）与《九章集》的成果丰硕的相遇奠定了基础。在19世纪的英格兰，托马斯·泰勒（Thomas Taylor）的英译本以及黑格尔主义的思想运动使普罗提诺引起了华兹华斯（Wordsworth）、布莱克（Blake）、柯勒律治（Coleridge）以及叶芝（Yeats）等人的关注。在这种氛围下，斯蒂芬·麦肯纳（Stephan MacKenna）放弃了自己成功的新闻事业，把自己的一生都奉献给将普罗提诺作品翻译成英语的事业——这注定是一种充满艰辛的生活。1917年至1930年，麦肯纳的译本出版后即被誉为文学杰作。

二、普罗提诺的影响力

普罗提诺在西方文化中的影响力远远超出了阅读《九章集》的那些人的圈子。他的思想通过类似奥古斯丁和斐奇诺这样有影响力的媒介得以传播，从而确保了更为广泛的影响，它不仅影响了哲学史，还影响了宗教思想史、文学史，以及艺术史。神学家、作家和诗人在前文已经提及，并且在前文的章节（第九章第二节与第十章第二、三节）里还提到了普罗提诺思想对艺术理论、艺术活动以及神秘主义历史的重要性。

显然，在不同时期、不同地区发生的诸多思想运动都以各种方式发掘了普罗提诺的思想。如果我们想要考察普罗提诺哲学在现代哲学反思背景下尤为有趣的某些方面，那么我们可以从本书前文部分已经讨论过的思想和理论中选择一些例子作为起始。以下的部分则不旨在做出全面的说明：它可以依据个人特定的兴趣和喜好来拓展和调整。

作为第一个例子，我要说的是普罗提诺思想中可知实在的内在化（参见前文第一章第六节）。在思考柏拉图主义的两个世界，即思考可感世界和可知世界时，普罗提诺引导我们去发现在灵魂和我们自身之中的可理知的存在。实在的基本结构和来源，须在我们的最内在本质中寻求。或者，正如普罗提诺可能更倾向于采用的措辞所说的那样（站在他们传统表达方式的立场上）：世界就在灵魂之中，就像灵魂在理智之中而理智在太一之中一样。

这种关系有趣的一点是，普罗提诺在将这两个世界的区别（一开始）作为灵魂与身体的区别时，以极为清晰和严谨的方式阐述了灵魂与身体之间的区别（参见前文第一章）。在澄清这种差异时，他还对这两种实在之间如何相互联系进行了诸多讨论（参见前文第二章）。

而对于古代哲学很少讨论的领域，即人的主体性方面，普罗提诺也进行了讨论，有一定的创见。他提醒我们，在哲学探究中，不仅存在着被探究的对象，还有进行探究的人。我们想要了解世界，以便了解我们自身。普罗提诺首次引入一种关于自我的哲学，它包含多个层次，具有能动性，并根植于一种永久性的思想，这种思想因我们对外部之物的专注而成为无意识的（参见前文第十章）。当我们寻求洞察时，普罗提诺试图与我们的内在自身对话。他的话语具有一些直接的、个人性的亦即非正式的特质，这些特质具有普遍的吸引力：性别和文化差异（希腊人、外邦人）并不像在柏拉图和亚里士多德思想中那样重要。罗马帝国的世界主义（cosmopolitanism）即由斯多亚学者倡导的宇宙公民身份，在普罗提诺那里变成了普遍超然的灵魂的姐妹情谊（参见 IV. 3. 6. 10–14），我们所有人都从属于它。

在这里我们还可以加上普罗提诺对思想和语言局限性（参见前文第五章）的兴趣。他敏锐地意识到，对于人类所探究的某些实在而言，理性及其在语言之中的表达是如何受到限制的。与这种意识相匹配的，是对希腊语的开拓和完全个人化的使用，这突破了希腊语的限制，发明了新词，并在一些时候拓展出具有惊人的自由度的语法。

普罗提诺的某些学说以一种有趣的方式指向未来。从表面上看，他对世界的形而上学观点——即灵魂组织世界——似乎不可避免地过时了。然而，我们对世界的影响现在已经使得我们成为自然世界的组织者。我们正在成为普罗提诺式的灵魂：我们可以用智慧来管理事物，或是让自己受到无限制的、混沌的以及自我毁灭的欲望驱使。当然，普罗提诺不认为我们可以简单地发明一种可以成功引导生活的智慧：在他看来，我们必须从神圣理智之中获得智慧。然而，我们面临着这样的问题，即我们无法避免发展这种智慧的必要性，这是一种超越了性别、民族、种族和文化界限的智慧，并且在整体上与人类的本质相关。这种智慧并不会犯那种用一致性代替统一性的错误，也不像柏拉图和亚里士多德的政治观念那样只适用于本地区，而是将人性和一切本质视作一种多样性中的统一性，其中一个例子（但也许并不是理想的范例）是普罗提诺思想中的神圣理智在多样性中的统一。

普罗提诺的理智态度也是我们需要面对的一个挑战。他描述了他期望培养的一种哲学："我们所追求的那种哲学……有淳朴、坦诚的特点，它的思路清晰而不混乱，它的风格庄重而不傲慢，它既充满自信和勇气，又富有理性，十分谨慎，小心翼翼。"（II. 9. 14. 37–43）普罗提诺的作品几乎都展现了这些品质。他表现出一种理智的严谨，即意识到了其自身的局限性，并不主张独断论，而是对事物有一种全面的视野，保持开放和灵活，以及对生命力的敏锐。

（李博涵　译）

进阶阅读指南

针对普罗提诺的《九章集》以及与之相关的文本，这里有一些进阶阅读建议（但并非详尽无遗）。这些建议大体有以下三类，其分组对应本书各章：

一、参考普罗提诺以及其他古代哲学家与该章节议题相关的其他文本；

二、参考当代学者关于所引材料的一些研究成果；

三、参考普罗提诺的文本中与该章节所考察的问题相关的主题。

我希望通过这种方式为读者提供一些超越本书所讨论内容的方法。后文将给出参考文献的具体出版信息，这里仅列出作者的名字（及其在参考文献中的条目序号，如果参考文献列出不止一部该作者的作品的话）。

关于普罗提诺文本的校勘本与译本的信息，也可在参考文献中找到。Armstrong (3), 195–263 以及 Hadot (3) 给出了出色的普罗提诺导论性概述。Rist (6) 对诸多哲学问题都进行了富有挑战性的讨论。Blumenthal (2) 是一部关于灵魂理论的至关重要的专题著作。Schwyzer (1) 是最重要、最详尽的普罗提诺研究学术概述。关于《九章集》中不同主题的系统性实用指南，可参见 R. Harder, R. Beutler, and W. Theiler, *Plotins Schriften* (Hamburg, 1956–71), vi. 103–72。

导言：普罗提诺的生平与作品

在每一个完整的普罗提诺校勘本或译本的开头，都可以找到波斐利写的《普罗提诺的生平》。关于《生平》中若干方面的详细信息，可参见 Brisson 等人的合著，其中包括 Igal (1) 也讨论过的年表问题。

关于公元 3 世纪罗马帝国历史的概况，可参见 *Cambridge Ancient History*, vol. xii（特别是第 6 章），也见 Rémondon 和 de Blois。Festugière 和 Dodds (3) 描绘了当时的理智和精神风尚。Jerphagnon 的著作则是关于普罗提诺的政治活动的研究，引起了不少争论。

关于普罗提诺对柏拉图的态度以及对柏拉图思想的运用，参见 Matter、Charrue、Szlezák。关于中期柏拉图主义者，Dillon 的著作是很有助益的信息来源，Dörrie 的多篇重要文章讨论了他们中的许多位，还可参见 Donini。关于阿摩尼乌斯·萨卡斯，参见 Schwyzer (2) 和 Schroeder (3)。关于亚里士多德的评注者，参见 Gottschalk、Sharples，以及 Moraux 的主要作品。关于希腊化时期的哲学（斯多亚主义、伊壁鸠鲁主义和怀疑主义），参见 Long (1)，这是一部出色的导论性概述，另外还有 Long 和 Sedley 合著的一部实用的两卷本资料汇编，本书涉及的希腊化时期哲学的所有方面都可以查阅这部资料集（第一卷印出了这些资料的英文译文，并附有一些解释；第二卷给出了希腊文和拉丁文原文，并附有详细的讨论和参考文献）。关于诺斯替主义，Rudolph 提供了一份最新的导论，或者也可参见 Jonas (1) 的更老的版本。Robinson 翻译了拿戈玛第经集，Elsas 将其与普罗提诺的文本进行了详细的比较。

第一章 灵魂与身体

一、关于斯多亚学派和伊壁鸠鲁主义者对不朽的讨论，参见 Long and Sedley, i. 318（斯多亚主义）、66、69–70（伊壁鸠鲁主义）。关于斯多亚学派的灵魂概念，参见 Long and Sedley, i. 313–19。亚里士多德主义者对斯多亚学派的唯物论的攻击，可参见 Alexander of Aphrodisias, *De anima*, 17. 9–20. 26，柏拉图主义者对它的攻击，则可参见 Alcinous, *Didaskalikos*, ch. 11。另外，还可参见 Atticus, fragment 7 和 Numenius, fragment 4a。更多论灵魂的文本，参见《九章集》IV. 2 [4]、IV. 9 [8]、IV. 1 [21]、VI. 1 [42]. 26–7（论灵魂与身体）、I. 1 [53]（论人的灵魂与身体），以及下文第 3 节。论身体还可参见下文第七章第三节的阅读指南。

二、关于亚里士多德的灵魂理论的分析及其进阶参考文献，参见 Nussbaum and Rorty。Long (2) 讨论了斯多亚学派的灵魂概念。Rich (3) 和 Blumenthal (2), ch. 2 对普罗提诺的灵魂与身体之间的区分进行了概括性的考察。Van Straaten 处理了《九章集》IV. 7 中与斯多亚主义之间的争论，Blumenthal (2) 则评估了这一章中与亚里士多德之间的争论。更多关于普罗提诺对斯多亚学派的借鉴，参见 Graeser。Emilsson (1), 145–8 将普罗提诺与笛卡尔进行了对比。

三、《九章集》IV. 3–5 [27–9] 以相当大的篇幅讨论了灵魂与身体相关联的诸多方面：（宇宙的和个体的）灵魂在身体中的下降与呈现，各种各样的心理功能（尤其是记忆和感知）。（关于视觉，参见 II. 8 [35]、IV. 6 [41]。）以上所有都可参见 Blumenthal (2)，关于知觉则可参见 Emilsson (1)。

第二章 可感实在和可知实在之间的关系

一、还可参见《九章集》III. 6 [26]. 6、IV. 3 [27]. 20–3、V. 5 [32]. 9。

二、关于普罗提诺在 VI. 4–5 中的解释，参见 O'Meara (3)，更晚近的研究可参见 Corrigan。（E. Emilsson 和 S. Strange 正在撰写关于 VI. 4–5 的哲学评注。）关于灵魂作用于身体的问题，O'Meara (5) 进行了更加细致的讨论。关于作为依赖的呈现，参见 Arnou (2)，167–72。关于世界作为依赖于可理知存在的影像，参见 Armstrong (10)。

三、关于斯多亚学派的理论——一个身体能够渗透进另一个身体而同时保持着统一（krasis di' holou），参见《九章集》II. 7 [37]，另见 Alexander of Aphrodisias, *De mixtione*。倘若身体不改变灵魂，灵魂依然会经历道德和心理上的变化，关于这一点，参见 III. 6 [26]. 1–5。

第三章 灵魂、理智与理念

一、关于真理，还可参见《九章集》VI. 6 [34]. 6；关于可知实在，可参见 VI. 2 [43] 的详细探讨（普罗提诺在此处解读了柏拉图《智者》254e 中的那 5 个"最高的种类"——它们关涉可理知存在的结构）。

二、关于中期柏拉图主义和新柏拉图主义对理智与理念之间关系的争论，参见 Pépin (1)、Frede，以及 Armstrong (2)（特别提到了普罗提诺）。关于诺斯替主义中无知的世界造物主，参见 Rudolph, 67–87。关于怀疑主义哲学，参见 Long (1) 以及 Long 与 Sedley 合著里的文本；关于普罗提诺对怀疑主义的回应，参见 Wallis (2) 和 Emilsson (3)。Lloyd (1)、Sorabji, ch. 10，以及 Alfino 讨论了非推论式的思维理论。关于普罗提诺哲学中的推论式思维，Blumenthal (2), ch. 8 进行了讨论；关于根据来自理智的标准对感觉材料做出的判断，参见 Blumenthal (2)、ch. 8、Blumenthal (5)，以及 Emilsson (1)，134–7。

三、关于理念的范围，也可参见《九章集》V. 9 [5]. 9–14、VI. 7 [38]. 1–11；关于个体的理念，参见 V. 9. 12、V. 7 [18]，亦见 Rist (4)、Blumenthal (1) (= Blumenthal (2), ch. 9)、Armstrong (6)。关于可理知世界的结构，可参见 Hadot (1)。关于数在可理知世界中的地位，参见《九章集》VI. 6 [34] 以及 Bertier、Brisson 等人的评注。

第四章　理智和太一

一、还可参见《九章集》V. 1 [10]. 5、III. 9 [13]. 9、III. 8 [30]. 8–11、V. 5 [32]. 4–5、VI. 7 [38]. 13–14, 37–42、V. 3 [49]. 10–12, 16。（Bussanich 就其中一些文本进行了讨论。）关于中期柏拉图主义中作为单一和理智的最高原理，除 Alcinous 外，还可参见 Numenius, fragments 11, 15–17, 19–20。

二、关于普罗提诺的太一与亚里士多德的神之间的对比，参见 Rist (7)。关于柏拉图"口述教义"的资料，可见于 Gaiser 或 Richard（Cherniss (1) 论证了对秘传的口述教义的观念应持怀疑态度）。Emilsson (1), ch. 1 重述了 VI. 9 中关于统一性的论证。关于作为某种形式的欲求的思考，参见 Arnou (2), ch. 2, part IV。Rist (5) 和 Whittaker (1), essay XI 对比了普罗提诺的一元论与它在早期柏拉图主义者和毕达哥拉斯学派作者的文本中的前身。Dodds (1) 和 Rist (3) 讨论了在普罗提诺之前对柏拉图的《巴门尼德》所做的一元论解读。关于普罗提诺对《巴门尼德》的形而上的解读，参见 Charrue, ch. 1。

三、虽然太一在理智之上，但它是否可能对其自身有某种形式的意识或觉察，关于这个问题，参见《九章集》V. 4 [7]. 2、VI. 9 [9]. 6、

III. 9 [13]. 9、VI. 7 [38]. 41、V. 3 [49]. 10, 12–13，也见 Rist (6), ch. 4。

第五章　谈论太一

一、关于神圣的不可言说性之阶段的哲学和宗教文本，参见 Festugière, vol. iv (*Le Dieu inconnu*)，尤其是第 6 章；Mortley (2), vol. ii, ch. 1；Alcinous, *Didaskalikos*, ch. 10；Numenius, fragments 2, 7。还可参见《九章集》V. 5 [32]. 6, 13、VI. 7 [38]. 38、VI. 8 [39]. 8–9, 13。

二、关于进一步的分析，参见 Festugière，Whittaker (1) 的文章 IXyXIII, Mortley (1), (2), vol. ii, ch. 3, Schroeder (1)，以及 O'Meara (6)。关于作为无限的太一，参见 Rist (6), 25–30。

三、关于普罗提诺的语言概念，参见 Pépin (2)、O'Meara (6)、Alfino。

第六章　万物从太一中的派生（I）

一、还可参见《九章集》III. 8 [30]. 8–11、V. 5 [32]. 7–8、VI. 7 [38]. 15–16, 35、V. 3 [49]. 11。关于两种活动的理论，还可参见 IV. 5 [29]. 7、II. 9 [33]. 8。关于将"不定的二"视作某种可理知事物，参见 II. 4 [12]. 2–5、II. 5 [25]. 1–3。关于灵魂、世界灵魂以及个体灵魂之间的差别，参见 IV. 3 [27]. 1–8、IV. 4 [28]. 13–14、II. 1 [40]. 5。关于所有灵魂的统一性，参见 IV. 9 [8]。

二、关于理智的派生，参见 Atkinson 对 V. 1. 6–7 的评注以及 Bussanich 对前文已列出的一些文本的评论，至于一些新近的研究，可参见 Lloyd (2)、Schroeder (2)。关于作为可理知事物的"不定的二"，参见 Rist (2)。关于灵魂的不同类型，参见 Helleman-Elgersma 对 IV. 3.

1–8的评注，尤其可参见Blumenthal (3)。关于太一的自由，参见Rist (6), ch. 6，Leroux对VI. 8的评注，Kremer那篇相当有助益的文章，以及O'Brien (2)（论及灵魂下降至身体的自由或必然性）。

第七章　万物从太一中的派生（Ⅱ）

一、关于世界的构造，还可参见《九章集》III. 6 [26]. 7–19（重点论及物质）和IV. 3 [27]. 9–11。对一个进行计算的德穆革的批评，可见于IV. 4 [28]. 9–13、V. 8 [31]. 7、VI. 7 [38]. 1–3、III. 2 [47]. 1–2，以及特别论及诺斯替主义的部分II. 9 [33]. 10–12。关于自然，还可参见IV. 4 [27]. 13–14、VI. 7 [38]. 7, 11、II. 3 [52]. 9, 17–18。关于物质，还可参见II. 4 [12]. 6–16、II. 5 [25]. 4–5。

二、关于柏拉图主义传统中对《蒂迈欧》里的德穆革的争论，参见Brisson、Baltes。关于柏拉图、亚里士多德、斯多亚学派以及伊壁鸠鲁主义，参见Mansfeld (essay XIV)。关于诺斯替教的德穆革，参见Quispel, i. 213–20，而关于普罗提诺对它的批评，参见O'Meara (4)。Deck和Santa Cruz de Prunes清晰地说明了通过沉思进行造物的理论，Hadot (2)则论证了该理论对现代自然哲学的影响。有一种观点认为对普罗提诺而言物质不是生成的，对这种观点的讨论参见O'Brien (1), (3), (4), (5)以及Corrigan。关于普罗提诺论时间与永恒，参见Beierwaltes对III. 7的评注。

三、关于可感世界中的内在特质和理念，参见《九章集》II. 6 [17]和Rist (6), ch. 8。关于可感对象，参见Emilsson (2)。关于天体，参见《九章集》II. 2 [14]、II. 1 [40]。亚里士多德和斯多亚学派将范畴理论应用于可感世界，对此的批判性（并且非常技术化的）讨论可参见VI.

1 [42] 和 VI. 3 [44]，以及 Rutten、Wurm。

第八章　论恶

一、还可参见《九章集》II. 4 [12]. 16、III. 6 [26]. 11、IV. 3 [27]. 16、II. 9 [33]. 8–9, 12–13、VI. 7 [38]. 23, 28、I. 1 [53]. 12。关于柏拉图论恶，参见 Cherniss (2)；关于中期柏拉图主义者，参见 Numenius, fragment 52，以及 Armstrong (9)。关于诺斯替主义论恶，参见 Rudolph, 65–7。

二、普罗提诺对恶是否有一个融贯的理论，关于这个问题可参见 Fuller、Costello、Rist (6), ch. 9、Rist (1), (9)、O'Brien (1), (2), (4)。关于灵魂的背离，参见 Baladi (1), (2) 以及 Jonas (2)。关于普罗提诺与基督教神学家尼撒的格列高利和奥古斯丁在恶的问题上的关系，参见 Daniélou、Rist (8)。关于灵魂的轮回，还可参见《九章集》III. 4 [15] 和 Rich (1)。

三、关于天意、命运与自由意志之间的关系，（除《九章集》III. 2–3 外）可参见 III. 1 [3]、VI. 8 [39]. 1–6，以及 Rist (6), ch. 10。普罗提诺在 III. 1 [3] 和 II. 3 [52] 中抨击了占星术。

第九章　论美

一、关于美，还可参见《九章集》I. 3 [20]. 1–2、V. 8 [31]. 13、II. 9 [33]. 17、III. 5 [50]. 1。

二、普罗提诺关于美的理论，参见 Armstrong (5), (8)、Moreau、Beierwaltes (3)。关于对称性理论的批判，参见 Anton (1)、Horn。关于美与善之间的关系，参见 Rist (6), ch. 5。普罗提诺的美的概念对于中世纪和文艺复兴时期的重要性，参见 Beierwaltes (3)、Panofsky、Chastel。

三、关于普罗提诺处理艺术和艺术家的进路，参见 Rich (2)、Anton (2)、de Keyser。

第十章　灵魂的回归：哲学与神秘主义

一、关于人的本性，参见《九章集》VI. 7 [38]. 4–7、II. 3 [52]. 9、I. 1 [53]。关于幸福，还可参见 I. 5 [36]、I. 7 [54]. 1–2。关于自我的流动性，参见 III. 4 [15]、VI. 7 [38]. 6。关于上升伦理学，参见 I. 2 [19]、III. 6 [26]. 5、II. 9 [33]. 15。关于对至善的普遍欲求，参见 V. 5 [32]. 12、VI. 2 [43]. 11、III. 2 [47]. 3。关于与太一的结合，参见 V. 5 [32]. 8、V. 3 [49]. 17。

二、关于人的本性，参见 Armstrong (3), 223–7、Igal (2)。关于幸福，参见 Rist (6), ch. 11、Himmerich、Beierwaltes (4)。关于自我的概念及其流动性，参见 Hadot (3), ch. 2、O'Daly (1)。关于普罗提诺的神秘主义，参见 Dodds (2)、Rist (6), ch. 16、Arnou (1), (2), ch. 6、Beierwaltes (2), (5), 123–54, (6)。《九章集》IV. 8. 1 论述的是与太一的结合，支持或反对这一观点的论证可见于 Rist (6), 195–7、Hadot (5), 14–16，以及 O'Meara (1)；还可参见 Merlan（论亚里士多德的与神圣理智结合的概念）。关于自我在太一中湮灭的问题，参见 O'Daly (1), ch. 4、O'Daly (2)。Armstrong (4) 讨论了体验太一对普罗提诺的重要性。关于古代哲学被用于改变生活，参见 Hadot (4)。Jerphagnon 讨论了普罗提诺的一些政治方面的内容。Hadot (3), ch. 6 处理了普罗提诺在他的圈子内所扮演的道德角色；还可参见 Rist (6), ch. 12。

结语：西方思想中的普罗提诺

关于普罗提诺《九章集》的影响的更多细节和参考文献，参见 Schwyzer (1), 581–90，以及 O'Meara (7)。关于新柏拉图主义学园的概要，参见 Wallis (1)、Armstrong (3)、Beierwaltes (5)。关于哈兰，参见 I. Hadot（其中包含对 M. Tardieu 的新近研究的总结）。关于普罗提诺对基督教神学家和之后阶段的影响，参见 Armstrong (7)、Daniélou、Rist (8)、Beierwaltes (7), 80–94、Beierwaltes (3), (4)、Henry (1), (2)，以及新柏拉图主义与普罗提诺相关会议的讨论（后文《参考文献》第四节）。关于"亚里士多德神学"，参见 Aouad 的新近研究。关于普罗提诺与德国观念论，参见 Beierwaltes (1), 83–153 以及 Hadot (2)。现代学界将柏拉图从新柏拉图主义的解读中分离了出来，关于这一点参见 Tigerstedt。

参考文献

一、普罗提诺的校勘本与译本

附有异文校勘材料的权威的普罗提诺希腊文文本由亨利和施维泽以三卷本（其中第三卷包括了富有价值的古代作者索引，或是其作品为普罗提诺所使用，或是他们引用了普罗提诺的作品）的形式出版，即 *Plotini opera* (Brussels, 1951–73)。他们之后出版了该校勘本（有修订）的研究版本，同样是三卷本：*Plotini opera*, ed. P. Henry and H.-R. Schwyzer (Oxford, 1964–82)。关于希腊文文本，可以参见一部详尽的字词索引：J. Sleeman and G. Pollet, *Lexicon Plotinianum* (Leiden, 1980)。

亨利和施维泽的校勘本（有部分修订）与阿姆斯特朗的出色英文译文一起印载于由后者出版的 7 卷本著作 A. H. Armstrong, *Plotinus* (Cambridge, Mass., 1966–88)。阿姆斯特朗的译本取代了 S. MacKenna 的（*Plotinus: The Enneads*, rev. B. Page (3rd edn., London, 1956)，该书于 1991 年由企鹅出版集团重印，J. Dillon 作序，有删节），后者尽管文学质量很高，但相较之下不那么可靠，并且不是很清晰。E. O'Brien 的 *The Essential Plotinus* (New York, 1964) 翻译了《九章集》的 I. 6、V. 9、IV. 8、VI. 9、V. 1、V. 2、I. 2、I. 3、IV. 3、III. 8。

二、参考文献

此处及下文给出的参考文献无意于面面俱到。关于普罗提诺的新近研究的完整参考文献（其中包括有助益的介绍性内容）已经出版，参见 W. Haase and H. Temporini (eds.), *Aufstieg und Niedergang der römischen Welt* (ANRW), II. xxxvi. 1 (Berlin, 1987), 528–623 中的 H. Blumenthal, 'Plotinus in the Light of Twenty Years' Scholarship, 1951–1971', 以及 K. Corrigan and P. O'Cleirigh, 'The Course of Plotinian Scholarship from 1971 to 1986'。

三、评注

现有的一些对普罗提诺单篇论文的评注，参见：

II. 4: J.-M. Narbonne, *Plotin: Les Deux Matiéres* (Paris, 1993)；

III. 5: A. Wolters, *Plotinus 'On Eros'* (Toronto, 1984)，以及 P. Hadot, *Plotin traité 50* (Paris, 1990)；

III. 7: W. Beierwaltes, *Plotin über Ewigkeit und Zeit* (Frankfurt, 1967)；

III. 8, V. 8, V. 5, II. 9: D. Roloff, *Plotin: Die Großschrift* (Berlin, 1971)，以及 V. Cilento, *Paideia antignostica* (Florence, 1971)；

IV. 3. 1–8: W. Helleman-Elgersma, *Soul-Sisters: A Commentary on Enneads IV. 3 (27), 1–8* (Amsterdam, 1980)；

V. 1: M. Atkinson, *Ennead V. 1: On the Three Principal Hypostases* (Oxford, 1983)；

V. 3: W. Beierwaltes, *Selbsterkenntnis und Erfahrung der Einheit* (Frankfurt, 1991)，以及 H. Oosthout, *Modes of Knowledge and the*

Transcendental (Amsterdam, 1991);

VI. 6: J. Bertier, L. Brisson; et al., *Plotin: Traité sur les nombres* (Paris, 1980);

VI. 7: P. Hadot, *Plotin Traité 38 (VI 7)* (Paris, 1988);

VI. 8: G. Leroux, *Plotin: Traité sur la liberté et la volonté de l'Un* (Paris, 1990);

VI. 9: P. Meijer, *Plotinus on the Good or the One* (Amsterdam, 1992)，以及 P. Hadot, *Plotin Traité 9* (Paris, 1994)。

关于普罗提诺的其他论文，不妨参考 E. Bréhier, *Plotin: Les Ennéades* (Paris, 1924–38) 中对每一篇论文的导论，以及 R. Harder, R. Beutler, and W. Theiler, *Plotins Schriften* (Hamburg, 1956–71) 中的注释（该书提供了一份出色的德语译文，并且在按时间顺序编排普罗提诺的论文方面做得特别好）。J. Igal 的西班牙语译本 *Porfirio: Vida de Plotino: Plotino Enéadas I–II, III–IV*, 2 vols. (Madrid, 1982, 1985) 同样很出色，其中包括了有助益的导论和注释。

四、会议与文集

一些关于普罗提诺的优秀研究成果以各种会议论文的形式出现。单篇文章列于下文第六节，在那里提及的会议都使用了以下缩写：

Néoplatonisme: Le Néoplatonisme (Colloque du CNRS) (Paris, 1971);

Plotino: Plotino e il Neoplatonismo in Oriente e in Occidente (Rome, 1974);

Sources: Les Sources de Plotin (Entretiens sur l'antiquité classique 5)

(Geneva, 1960)。

许多内容翔实的文章——其中有些是关于普罗提诺的，其他的则特别涉及公元纪年的头几个世纪的各类哲学运动——可见于 ANRW：W. Haase and H. Temporini (eds.), *Aufstieg und Niedergang der römischen Welt* (Berlin, 1987–90), II. XXXVI. 1, 2, 3, 4。

五、一些中期柏拉图主义者与漫步学派的作品

关于普罗提诺的中期柏拉图主义前辈和漫步学派前辈的信息，可参见 Dillon、Whittaker (2)、Donini、Gottschalk、Sharples、Moraux 等人的作品（列于下文第六节）。我在这里列出的是本书中提及的一些中期柏拉图主义者和漫步学派的作品的校勘本和译本：

Alcinous [Albinus], *Didaskalikos*, ed. and French trans. by J. Whittaker and P. Louis, *Alkinoos: Enseignement des doctrines de Platon* (Paris, 1990); Eng. trans. by J. Dillon, *Alcinous: The Handbook of Platonism* (Oxford, 1993);

Alexander of Aphrodisias, *De anima*, ed. I. Bruns (Berlin, 1887),

—— *De anima*, Eng. trans. by A. Fotinis (Washington, DC, 1979)（使用时须谨慎），

—— *De fato*, ed. and Eng. trans. by R. Sharples, *Alexander of Aphrodisias: On Fate* (London, 1983),

—— *De mixtione*, ed. and Eng. trans. by R. Todd, *Alexander of Aphrodisias on Stoic Physics* (Leiden, 1976),

—— *On Aristotle's Metaphysics 1*, Eng. trans. by W. Dooley (London, 1989);

Apuleius, *De Platone et eius dogmate*, in *Apulée: Opuscules philosophiques et fragments*, ed. and French trans. by J. Beaujeu (Paris, 1973);

Atticus, *Fragments*, ed. and French trans. by E. des Places (Paris, 1977);

Numenius, *Fragments*, ed. and French trans. by E. des Places (Paris, 1973)。

六、参考文献选

（关于缩写，参见上文第四节。）

Alfino, M., 'Plotinus and the Possibility of Non-propositional Thought', *Ancient Philosophy*, 8 (1988), 273–84.

Anton, J. (1), 'Plotinus' Refutation of Beauty as Symmetry', *Journal of Aesthetics and Art Criticism*, 23 (1964–5), 233–7.

—— (2), 'Plotinus' Conception of the Functions of the Artist', *Journal of Aesthetics and Art Criticism*, 26 (1967–8), 91–101.

Aouad, M., 'Aristote', in R. Goulet (ed.), *Dictionnaire des philosophes antiques* (Paris, 1989), i. 541–90.

Armstrong, A. (1), *The Architecture of the Intelligible Universe in the Philosophy of Plotinus* (Cambridge, 1940).（关于该书，参见阿姆斯特朗法译本 *L'Architecture de l'univers intelligible dans la philosophie de Plotin* (Ottawa, 1984), 11–15 的新序言。）

—— (2), 'The Background of the Doctrine "That the Intelligibles are not outside the Intellect"', *Sources*, 393–413 = Armstrong (7), study IV.

—— (3) (ed.), *The Cambridge History of Later Greek and Early Medieval Philosophy* (Cambridge, 1967).

—— (4), 'Tradition, Reason and Experience in the Thought of Plotinus', *Plotino*, 171–94 = Armstrong (7), study XVII.

—— (5), 'Beauty and the Discovery of Divinity in the Thought of Plotinus', in J. Mansfeld and L. de Rijk (eds.), *Kephalaion: Studies . . . Offered to C. J. de Vogel* (Assen, 1975), 155–63 = Armstrong (7), study XIX.

—— (6), 'Form, Individual and Person', *Dionysius*, 1 (1977), 49–68 = Armstrong (7), study XX.

—— (7), *Plotinian and Christian Studies* (London, 1979).

—— (8), 'The Divine Enhancement of Earthly Beauties: The Hellenic and Platonic Tradition', *Eranos Jahrbuch*, 53 (1984), 49–81 = Armstrong (11), study IV.

—— (9), 'Dualism Platonic, Gnostic, and Christian', in D. Runia (ed.), *Plotinus amid Gnostics and Christians* (Amsterdam, 1984), 29–52 = Armstrong (11), study XII.

—— (10), 'Platonic Mirrors', *Eranos Jahrbuch*, 55 (1986), 147–81 = Armstrong (11), study VI.

—— (11), *Hellenic and Christian Studies* (London, 1990).

Arnou, R. (1), 'La Contemplation chez Plotin', in *Dictionnaire de spiritualité*, ii (Paris, 1950), 1729–38.

—— (2), *Le Désir de Dieu dans la philosophie de Plotin* (Rome, 1967).

Baladi, N. (1), *La Pensée de Plotin* (Paris, 1970).

—— (2), 'Origine et signification de l'audace chez Plotin', *Néoplatonisme*, 89–97.

Baltes, M., *Die Weltentstehung des Platonischen Timaios nach den antiken Interpreten*, i (Leiden, 1976).

Beierwaltes, W. (1), *Platonismus und Idealismus* (Frankfurt, 1972).

—— (2), 'Reflexion und Einung: Zur Mystik Plotins', in W. Beierwaltes, H. von Balthasar, and A. Haas (eds.), *Grundfragen der Mystik* (Einsiedeln, 1974), 9–36.

—— (3), *Marsilio Ficinos Theorie des Schönen im Kontext des Platonismus* (Heidelberg, 1980).

—— (4), *Regio beatitudinis: Augustine's Concept of Happiness* (Villanova, 1981).

—— (5), *Denken des Einen* (Frankfurt, 1985).

—— (6), 'Plotins philosophische Mystik', in M. Schmidt and D. Bauer (eds.), *Grundfragen christlicher Mystik* (Stuttgart, 1987), 39–49.

—— (7), 'Plotins Erbe', *Museum Helveticum*, 45 (1988), 75–97.

Blois, L. de, *The Policy of the Emperor Gallienus* (Leiden, 1976).

Blumenthal, H. (1), 'Did Plotinus Believe in Ideas of Individuals?', *Phronesis*, 11 (1966), 61–80.

—— (2), *Plotinus' Psychology* (The Hague, 1971).

—— (3), 'Soul, World-Soul, Individual Soul', *Néoplatonisme*, 56–63.

—— (4), 'Nous and Soul in Plotinus: Some Problems of

Demarcation', *Plotino*, 203–19.

—— (5), 'Plotinus and Proclus on the Criterion of Truth', in P. Huby and G. Neal (eds.), *The Criterion of Truth* (Liverpool, 1989), 257–80.

Brisson, L., *Le Même et l'autre dans la structure ontologique du Timée de Platon* (Paris, 1974).

—— et al., *Porphyre: La Vie de Plotin* (Paris, 1982 and 1992).

Bussanich, J., *The One and Its Relation to Intellect in Plotinus* (Leiden, 1988).

The Cambridge Ancient History, xii: The Imperial Crisis and Recovery A.D. 193–324 (Cambridge, 1939).

Charrue, J., *Plotin lecteur de Platon* (Paris, 1978).

Chastel, A., *Marsile Ficin et l'art* (Geneva, 1954; 2nd edn. 1975).

Cherniss, H. (1), *The Riddle of the Early Academy* (Berkeley, Calif., 1945).

—— (2), 'The Sources of Evil According to Plato', in H. Cherniss, *Selected Papers*, ed. L. Tarán (Leiden, 1977), 253–60.

Corrigan, K., 'Body's Approach to Soul: An Examination of a Recurrent Theme in the Enneads', *Dionysius*, 9 (1985), 37–52.

Costello, E., 'Is Plotinus Inconsistent on the Nature of Evil?', *International Philosophical Quarterly*, 7 (1967), 483–97.

Daniélou, J., 'Plotin et Grégoire de Nysse sur le mal', *Plotino*, 485–94.

Deck, J., *Nature, Contemplation and the One: A Study in the Philosophy of Plotinus* (Toronto, 1967).

Dillon, J., *The Middle Platonists* (London, 1977).

Dodds, E. R. (1), 'The Parmenides of Plato and the Origin of the Neoplatonic "One"', *Classical Quarterly,* 22 (1928), 129–43.

—— (2), 'Tradition and Personal Achievement in the Philosophy of Plotinus', *Journal of Roman Studies*, 50 (1960), 1–7 =

Dodds, *The Ancient Concept of Progress and Other Essays* (Oxford, 1973), essay VIII.

—— (3), *Pagan and Christian in an Age of Anxiety* (Cambridge, 1965).

Donini, P., *Le scuole, l'anima, l'impero: La filosofia antica da Antioco a Plotino* (Turin, 1982).

Dórrie, H., *Platonica minora* (Munich, 1976).

Elsas, C., *Neuplatonische und gnostische Weltablehnung in der Schule Plotins* (Berlin, 1975).

Emilsson, E. (1), *Plotinus on Sense-Perception: A Philosophical Study* (Cambridge, 1988).

—— (2), 'Reflections on Plotinus' *Ennead* IV 2', in S. Teodorsson (ed.), *Greek and Latin Studies in Memory of Cajus Fabricius* (Göteborg, 1990), 206–19.

—— (3), 'Plotinus on the Objects of Thought' (forthcoming).

Ferwerda, R., *La Signification des images et des métaphores dans la pensée de Plotin* (Groningen, 1965).

Festugière, A. J., *La Révélation d'Hermès Trismégiste*, 4 vols. (Paris, 1944–54).

Frede, M., 'La teoría de las ideas de Longino', *Méthexis*, 3 (1990), 85–98.

Fuller, B., *The Problem of Evil in Plotinus* (Cambridge, 1912).

Gaiser, K., *Platons ungeschriebene Lehre* (Stuttgart, 1968).

Gottschalk, H., 'Aristotelian Philosophy in the Roman World from the Time of Cicero to the End of the Second Century A.D.', *ANRW* II. xxxvi. 2: 1079–174.

Graeser, A., *Plotinus and the Stoics* (Leiden, 1972).

Hadot, I., 'La Vie et l'œuvre de Simplicius d'après les sources grecques et arabes', in I. Hadot (ed.), *Simplicius: Sa vie, son œuvre, sa survie* (Berlin, 1987), 3–39.

Hadot, P. (1), 'Être, vie, pensée chez Plotin et avant Plotin', *Sources*, 107–41.

—— (2), 'L'Apport du néoplatonisme à la philosophie de la nature en Occident', *Eranos Jahrbuch*, 37 (1968), 91–132.

—— (3), *Plotin ou la simplicité du regard* (2nd edn., Paris, 1973). Eng. trans. (Chicago, 1994).

—— (4), *Exercises spirituels et philosophie antique* (2nd edn., Paris, 1987) = *Spiritual Exercises and Ancient Philosophy*, trans. M. Chase (Oxford, 1994).

—— (5), 'L'Union de l'âme avec l'intellect divin dans l'expérience mystique plotinienne', in G. Boss and G. Seel (eds.), *Proclus et son influence* (Zurich, 1987), 3–27.

Henry, P. (1), *Plotin et l'occident* (Louvain, 1934).

—— (2), 'Plotinus' Place in the History of Thought', in S. MacKenna, *Plotinus: The Enneads* (3rd. edn., London, 1956), pp. xxxiii–li.

Himmerich, W., *Eudaimonia: Die Lehre des Plotin von der Selbstverwirklichung des Menschen* (Würzburg, 1959).

Horn, H.-J., 'Stoische Symmetrie und Theorie des Schönen in der Kaiserzeit', *ANRW* II. xxxvi. 3: 1455–71.

Igal, J. (1), *La cronología de la Vida de Plotino de Porfirio* (Bilbao, 1972).

—— (2), 'Aristoteles y la evolución de la antropología de Plotino', *Pensamiento*, 35 (1979), 315–46.

Jerphagnon, L., 'Platonopolis, ou Plotin entre le siècle et le rêve', in *Néoplatonisme: Mélanges offerts à Jean Trouillard = Cahiers de Fontenay* (1981) (Fontenay, 1981), 215–47.

Jonas, H. (1), *The Gnostic Religion* (Boston, 1958).

—— (2), 'The Soul in Gnosticism and Plotinus', *Le Néoplatonisme*, 45–53 (repr. Jonas, *Philosophical Essays* (Englewood Cliffs, NJ, 1974)).

Keyser, E. de, *La Signification de l'art dans les Ennéades de Plotin* (Louvain, 1955).

Kremer, K., '*Bonum est diffusivum sui*: Ein Beitrag zum Verhältnis von Neuplatonismus und Christentum', *ANRW* II. xxxvi. 2: 994–1032.

Lloyd, A. (1), 'Non-discursive Thought: An Enigma of Greek Philosophy', *Proceedings of the Aristotelian Society*, 70 (1969–70), 261–74.

—— (2), 'Plotinus on the Genesis of Thought and Existence',

Oxford Studies in Ancient Philosophy, 5 (1987), 155–86.

Long, A. (1), *Hellenistic Philosophy* (London, 1974).

—— (2), 'Soul and Body in Stoicism', *Phronesis*, 27 (1982), 34–57.

—— and Sedley, D., *The Hellenistic Philosophers* (Cambridge, 1987).

Mansfeld, J., *Studies in Later Greek Philosophy and Gnosticism* (London, 1989).

Matter, P., *Zum Einfluß des platonischen Timaios auf das Denken Plotins* (Winterthur, 1964).

Merlan, P., *Monopsychism, Mysticism, Metaconsciousness* (The Hague, 1963).

Moraux, P., *Der Aristotelismus bei den Griechen*, ii (Berlin, 1984).

Moreau, J., 'Origine et expressions du beau suivant Plotin', in *Néoplatonisme: Mélanges offerts à Jean Trouillard = Cahiers de Fontenay* (Fontenay, 1981), 249–63.

Mortley, R. (1), 'Negative Theology and Abstraction in Plotinus', *American Journal of Philology*, 96 (1975), 363–77.

—— (2), *From Word to Silence* (Bonn, 1986).

Nussbaum, M., and Rorty, A. eds., *Essays on Aristotle's De anima* (Oxford, 1992).

O'brien, D. (1), 'Plotinus on Evil: A Study of Matter and the Soul in Plotinus' Conception of Human Evil', *Néoplatonisme,* 113–46.

—— (2), 'Le Volontaire et la nécessité: Réflexions sur la descente de l'âme dans la philosophie de Plotin', *Revue philosophique*, 167 (1977),

401–22.

—— (3), 'Plotinus and the Gnostics on the Generation of Matter', in H. Blumenthal and R. Markus (eds.), *Neoplatonism and Christian Thought: Essays in Honour of A. H. Armstrong* (London, 1981), 108–23.

—— (4), 'The Origin of Matter and the Origin of Evil in Plotinus' Criticism of Gnostics', in R. Brague and J.-F. Courtine (eds.), *Herméneutique et ontologie: Mélanges... P. Aubenque* (Paris, 1990), 181–202.

—— (5), *Plotinus on the Origin of Matter* (Naples, 1991).

O'daly, G. (1), *Plotinus' Philosophy of the Self* (Shannon, 1973).

—— (2), 'The Presence of the One in Plotinus', *Plotino*, 159–69.

O'Meara, D. (1), 'A propos d'un témoignage sur l'expérience mystique de Plotin (*Enn*. IV. 8 [6]. 1. 1–11)', *Mnemosyne*, 27 (1974), 238–44.

—— (2), *Structures hiérarchiques dans la pensée de Plotin* (Leiden, 1975).

—— (3), 'The Problem of Omnipresence in Plotinus *Ennead* VI. 4–5: A Reply', *Dionysius*, 4 (1980), 62–74.

—— (4), 'Gnosticism and the Making of the World in Plotinus', in B. Layton (ed.), *The Rediscovery of Gnosticism* (Leiden, 1980), i. 373–7.

—— (5), 'Plotinus on How Soul Acts on Body', in D. O'Meara (ed.), *Platonic Investigations* (Washington, DC, 1985), 247–62.

—— (6), 'Le Problème du discours sur l'indicible chez Plotin', *Revue de théologie et de philosophie*, 122 (1990), 145–56.

—— (7), 'Plotinus', in F. Cranz and P. Kristeller (eds.), *Catalogus translationum et commentariorum*, vol. vii (Washington, DC, 1992).

Panofsky, E., *Idea: A Concept in Art Theory*, Eng. trans. (New York, 1968).

Pépin, J. (1). 'Éléments pour une histoire de la relation entre l'intelligence et l'intelligible chez Platon et dans le néoplatonisme', *Revue philosophique,* 146 (1956), 39–55 =

J. Pépin, *De la philosophie ancienne à la théologie patristique* (London, 1986), study 1.

—— (2), 'Linguistique et théologie dans la tradition platonicienne', *Langages*, 65 (1982), 91–116.

Quispel, G., *Gnostic Studies* (Istanbul, 1974).

Rémondon, R., *La Crise de l'empire romain de Marc Aurèle à Anastase* (Paris, 1964).

Rich, A. (1), 'Reincarnation in Plotinus', *Mnemosyne*, 10 (1957), 232–8.

—— (2), 'Plotinus and the Theory of Artistic Imitation', *Mnemosyne*, 13 (1960), 233–9.

—— (3), 'Body and Soul in Plotinus', *Journal of the History of Philosophy*, 1 (1963), 2–15.

Richard, M., *L'Enseignement oral de Platon* (Paris, 1986).

Rist, J. (1), 'Plotinus on Matter and Evil', *Phronesis,* 6 (1961), 154–66.

—— (2), 'The Indefinite Dyad and Intelligible Matter in Plotinus',

Classical Quarterly, 12 (1962), 99–107.

—— (3), 'The Neoplatonic One and Plato's *Parmenides*', *Transactions of the American Philological Association*, 93 (1962), 389–401.

—— (4), 'Forms of Individuals in Plotinus', *Classical Quarterly*, 13 (1963), 223–31.

—— (5), 'Monism: Plotinus and Some Predecessors', *Harvard Studies in Classical Philology*, 69 (1965), 339–44.

—— (6), *Plotinus: The Road to Reality* (Cambridge, 1967).

—— (7), 'The One of Plotinus and the God of Aristotle', *Review of Metaphysics*, 27 (1973), 75–87 = Rist (10), study IX.

—— (8), 'Plotinus and Augustine on Evil', *Plotino*, 495–508.

—— (9), 'Metaphysics and Psychology in Plotinus' Treatment of the Soul', in L. Gerson (ed.), *Graceful Reason: Essays... Presented to Joseph Owens* (Toronto, 1983), 135–51 = Rist (10), study X.

—— (10), *Platonism and Its Christian Heritage* (London, 1985).

Robinson, J. (ed.), *The Nag Hammadi Library in English* (New York, 1977).

Rudolph, K., *Gnosis: The Nature and History of Gnosticism* (Edinburgh, 1984; New York, 1987).

Rutten, C., *Les Catégories du monde sensible dans les Ennéades de Plotin* (Paris, 1961).

Santa Cruz de Prunes, M., *La Genèse du monde sensible dans la philosophie de Plotin* (Paris, 1979).

Schroeder, F. (1), 'Saying and Having in Plotinus', *Dionysius*, 9 (1985), 75–82.

—— (2), 'Conversion and Consciousness in Plotinus, *Enneads* 5. 1 [10]. 7', *Hermes*, 114 (1986), 186–95.

—— (3), 'Ammonius Saccas', *ANRW* II. xxxvi. 1: 493–526.

Schwyzer, H.-R. (1), *Plotinos* (Munich, 1978) =

G. Wissowa (ed.), *Paulys Realencyclopädie der classischen Altertumswissenschaft*, xxi. 1 (Stuttgart, 1951), 471–592, 1276, suppl. vol. XV (Munich, 1978), 311–28.

—— (2), *Ammonios Sakkas der Lehrer Plotins* (Opladen, 1983).

Sharples, R., 'Alexander of Aphrodisias: Scholasticism and Innovation', *ANRW* II. xxxvi. 2: 1176–243.

Straaten, M. van, 'On Plotinus IV. 7 [2]. 8^{2}', J. Mansfeld and L. de Rijk (eds.) *Kephalaion: Studies... Offered to C. J. de Vogel* (Assen, 1975), 164–70.

Szlezák, T., *Platon und Aristoteles in der Nuslehre Plotins* (Basle, 1979).

Tigerstedt, E., *The Decline and Fall of the Neoplatonic Interpretation of Plato* (Helsinki, 1974).

Trouillard, J. (1), *La Purification plotinienne* (Paris, 1955).

—— (2), *La Procession plotinienne* (Paris, 1955).

Wallis, R. (1), *Neoplatonism* (London, 1972).

—— (2), 'Scepticism and Neoplatonism', *ANRW* II, xxxvi. 2: 911–54.

Whittaker, J. (1), *Studies in Platonism and Patristic Thought* (London, 1984).

—— (2), 'Platonic Philosophy in the Early Centuries of the Empire', *ANRW* II. xxxvi. 1: 81–123.

Wurm, K., *Substanz und Qualität: Ein Beitrag zur Interpretation der plotinischen Traktate VI. 1. 2. und 3* (Berlin, 1973).

译后记

本书是国际著名柏拉图主义研究专家多米尼克·奥米拉的作品，也是目前最为通行的普罗提诺《九章集》导论之一。本书译文是2020年春季新冠肺炎疫情间间我们四川大学研究生"古希腊原著研读"课的副产品。课上学生研读了《九章集》相关的部分，借助奥米拉这部著作的引导，辅之以细致梳理，快速而全面地进入到普罗提诺的思想天地。随后，大家分别完成了相关章节的翻译，最后由我校订。译者李博涵为清华大学哲学博士生，杨怡静为奥斯陆大学哲学博士生，石帅锋为四川大学哲学博士生，张文明、张一帆、罗晶晶、宋泽豫、赵哲崇皆为四川大学哲学硕士。

我的硕士研究生李博涵、张文明在最后统稿和整理时出力最多，在此要感谢他们的辛勤工作。我们推动本书出版，主要为本科高年级和研究生低年级的古希腊哲学专业相关学生作辅助教材之用，也希望广大读者借以快速而全面了解普罗提诺原创性的思想。

由于多人翻译，疏漏难免，我们热诚欢迎读者的批评指正（liangzhonghe@foxmail.com）。

梁中和

庚子仲冬

于望江柏拉图学园